RADIUS BÜCHER

Heinrich Albertz

Herausgeber

Die Zehn Gebote

Eine Reihe mit Gedanken und Texten

11

Du sollst Gott,
deinen Herrn, lieben…
und deinen Nächsten
wie dich selbst.

Redaktion und Textauswahl:
Wolfgang Erk, Hartmut Joisten, Jo Krummacher, Ingrid Weng

CIP-Titelaufnahme der Deutschen Bibliothek

Die *Zehn Gebote* : e. Reihe mit Gedanken und Texten /
Heinrich Albertz Hrsg. – Stuttgart: Radius-Verlag
(Radius-Bücher)

NE: Albertz, Heinrich [Hrsg.]

11. Du sollst Gott, deinen Herrn, lieben…
und deinen Nächsten wie dich selbst. –
1. Auflage – 1989

Du sollst Gott, deinen Herrn, lieben…
und deinen Nächsten wie dich selbst. /
Heinrich Albertz Hrsg. – 1. Auflage –
Stuttgart: Radius-Verlag, 1989.
(Die Zehn Gebote; 11) (Radius-Bücher)
ISBN 3-87173-775-5

NE: Albertz, Heinrich [Hrsg.]

3. 2. 1. Auflage (die letzte Ziffer gilt für diese Ausgabe)
ISBN 3-87173-775-5

Umschlag: Gerhard Schröder
Gesamtherstellung: Clausen & Bosse, Leck
Printed in Germany

Lieben
wirst du
den Herrn,
deinen Gott,
mit deinem Herzen,
mit deiner Seele
und deinen Gedanken –
mit all deiner Kraft!
Lieben
wirst du den,
der ein Mensch ist
wie du –
dein Bruder!
Du wirst
ihn lieben,
wie du
dich selbst liebst!

Lukas 10,27
in der Übersetzung von Walter Jens

Dorothee Sölle
Mit dem Herzen leben

Religion und Ganzheit stehen in einem unmittelbaren Zusammenhang, der mir immer peinlich deutlich wird, wenn mir jemand die Religion als mein »ganz persönliches Hobby« unterschieben will oder auf meine »besonderen religiösen Interessen« eingehen zu müssen glaubt. Ich empfinde dann diese Ganzheit trivialisiert und eingekastelt, als sei Religion neben Wirtschaft, Sexualität, Umwelt, Politik eine Art Extrafach und nicht ein allgemein menschliches Verhalten.

Wäre dem so und die Religion ein Extrafach, das viele schon früh »abwählen«, dann trüge sie eher zur Vertiefung der Spaltung als zur Ganzheit bei. Aber es scheint mir genau umgekehrt: Die religiöse Sprache ist nicht ein Spezialissimum wie die dritte minoische Kultur, sondern der beste Ausdruck für meinen Wunsch, ganz zu sein, mit dem ganzen Herzen zu leben und mich gerade in Wirtschaft, Sexualität, Arbeit und Kultur nicht als Spezialist zu behaupten, sondern mich als lebendig fühlenden Menschen, der zuerst nach dem Reich Gottes und seiner Gerechtigkeit trachtet, einzubringen. Die Religion zieht mich nicht aus dem Ganzen heraus, sondern läßt mich gerade nach ihm Ausschau halten und sein Fehlen vermissen.

Ich will hier ein Ur-Zeugnis für diese transsubjektive Erfahrung heranziehen, in der sich das Bedürfnis nach Grund, nach Ganzheit ausgesprochen hat, das Sch'ma Israel, das Bekenntnis zu dem einen und einzigen Gott, das jeder fromme Jude täglich betet:

Höre Jissrael:
ER unser Gott, ER Einer!
So liebe denn
IHN deinen Gott
mit all deinem Herzen, mit all deiner Seele,
mit all deiner Macht.
So seien diese Reden, die ich heuttags dir gebiete,
auf deinem Herzen,
einschärfe sie deinen Söhnen,

rede davon,
wann du sitzest in deinem Haus und wann du gehst auf den Weg,
wann du dich legst und wann du dich erhebst,
knote sie zu einem Zeichen an deine Hand,
sie seien zu Gebind zwischen deinen Augen,
schreibe sie an die Pfosten deines Hauses und in deine Tore!
5 Mose 6,4–9 (Buber-Rosenzweig)

Was bedeutet es, Gott »von ganzem Herzen, von ganzer Seele, von ganzem Gemüte und mit allen deinen Kräften« zu lieben? Es ist die Grundlage dessen, was viele heute gern Ganzheitlichkeit, Ungeschiedenheit, Einssein, Verbundenheit mit dem Ganzen nennen. Wenn man – mit Stanislaus Lec – ein tiefes Bedürfnis hat, zu den großen Substantiven wie Freiheit, Gleichheit, Geschwisterlichkeit endlich die Verben zu finden, die Tätigkeitswörter, die den idealischen Denkbildern erst Hand und Fuß geben, dann möchte ich sagen, das Verb zum Traumbild »Ganzheit« heißt: Gott lieben über alle Dinge. In der Liebe zu Gott bewegen wir uns aus der Spaltung, der Entfremdung, der Weltkälte, der spirituellen Apartheid fort auf das Ganzsein zu, das in der religiösen Sprache »Heil« genannt wird.

Die verblaßte protestantische Tradition ist allerdings nicht sehr hilfreich, weil sie die Liebe *zu* Gott kaum zu artikulieren wagt und nur von der Liebe spricht, die wir *von* Gott empfangen; daß »empfangen« im tiefen Sinn dieses Wortes nur kann, wer sich geben kann, bleibt der strammen Orthodoxie verborgen. Es ist aber in der ungeteilten Liebe zu Gott, daß die ganzheitliche Beziehung zum Leben wächst. Liebe zu Gott ist der Wunsch, sich selber vollständig dem Sinn des Lebens zu geben und diese große Hingabe an Gottes Leben in der Welt ohne Abstriche, ohne Verleugnung oder Zurückweisung von einigen Kräften, die auch in uns sind, zu vollziehen. Ganzheit ist ein anderes Wort für Frömmigkeit. Fromm sein heißt: sich Gott geben, an der Bewegung der Liebe in der Welt teilnehmen und selber Liebe werden.

Diese Ganzheit unserer Hingabe ist unmöglich, solange wir mit unseren unbewußten Gefühlen zu kämpfen haben und uns nicht erlauben, sie zu kennen und zu verwandeln. Ganzsein hieße mit unseren Gefühlen dabeisein und mit unserer Erkenntnis dieser Welt. Aber wie ist das möglich? Wir leben in einem System von Unterernährung und Overkill, um es abkürzend zu sagen. Davon profitieren wir. Das große Tier aus dem Abgrund herrscht über uns.

Wie sollen wir da »ganz« sein, ohne Sprung, heil, nicht kaputt? Das könnte doch nur auf dem Niveau des barbarischen Jahrhunderts sein, mit den Wölfen heulend, ganz unangefochten von den toten Robben, die auch auf unsere Insel zutreiben!

»Ganz« in diesem Sinne wirken auf mich die militärischen Führer, die ungebrochene Selbstsicherheit, ruhige Überlegenheit, nie bezweifelte Arroganz der Macht ausstrahlen. Haben sie es nicht besonders weit gebracht mit der sogenannten Selbstverwirklichung?

Die wirkliche Liebe zu Gott muß sich der Wirklichkeit stellen, in der wir leben. Es ist ihr nicht möglich, freudig und selbstgewiß von der Realität, zum Beispiel des Hungers, abzusehen. Die natürliche Reaktion auf das selbstgemachte Chaos ist Angst und der Wunsch zu verdrängen. Die Realität der sterbenden Wälder, der verendenden Robben und der gleichzeitig noch immer zelebrierten Flugtage, bei denen vor Zehntausenden von Besuchern das alte Lied aus Technologie, Machtrausch und Militarismus gespielt wird, diese Realität macht es uns schwer, ganzheitlich zu leben. Sie nötigt uns Verdrängung auf. Ich will gar nicht wissen, wieviel Bequerel in meinen Blaubeeren sind und welche Krankheiten wir heilen könnten, statt Jäger 90 zu kaufen. Wieviel Kraft muß ich ins Verleugnen und Verdrängen stecken!

In diesem Sinne bin ich nicht besser als meine Väter und Mütter in Nazideutschland, die ja auch »nichts gewußt« haben. Ich bin entsetzt, ich will vergessen, ich muß verdrängen, ich habe meine Angstgefühle zu verdrängen und sie so schnell wie möglich beiseite zu schaffen. Diesen Zustand nenne ich die Angst vor der Angst. Sie lähmt mich und macht mich zu einem machtlosen Wesen – einer Person, die sich selber nicht in den mächtigen Strom der Liebe geben kann und nicht in den Kampf. Die Angst vor der Angst macht mich fertig – zwischen mir und der Liebe ist die Angst und die Angst vor der Angst. In 1 Joh 4,10 lese ich: »Furcht ist nicht in der Liebe, aber die vollkommene Liebe treibt die Furcht aus.« Aber für mich stimmt das nicht: Meine Liebe ist zu schwach, die Furcht auszutreiben, und statt dessen beherrscht mich die Angst als das stärkste Hemmnis, Gott »von ganzer Seele« zu lieben.

Ich will es ja gar nicht wissen, was mit meinem Wasser, was meinen Enkeln geschieht. Wo käme ich denn hin, wenn ich das alles wissen müßte! Und so wächst in der Mittelklasse der reichen Welt gerade aus dem Wunsch, ganz zu sein in einer heilen Welt, genau die Zwiespältigkeit, die kulturelle Beschwichtigung im Interesse der spirituellen Apartheid, die Verlogenheit, die wir auf fast jeder Party antreffen.

Aber der Wunsch, wenigstens etwas ganz, mit all unsern Kräften zu tun, und darin verborgen der Wunsch, ganz zu sein, läßt sich nicht ausrotten oder wegmanipulieren. Es gibt Zeichen einer neuen Suche nach einer anderen, integrierten Form des Lebens, die nicht ständig auf Kosten anderer Lebewesen oder Elemente geht.

Der Wunsch, mit dem ganzen Herzen zu leben, Gott auch von neun bis fünf zu lieben mit all unsern Kräften, Gott – auch dienstags in der Produktion und Verwaltung des Lebens, die wir betreiben – zu entsprechen, holistisch zu leben, zu denken, zu fühlen und zu handeln, geht auf eine neue Lebensfrömmigkeit zu, die im Einklang mit der Natur steht. Sie ist an vielen Stellen zu spüren.

Einer der Grundsätze der klassischen Ästhetik sagt, daß nur, was aus unsern versammelten Kräften hervorgeht, »schön« genannt werden kann. »Alles Vereinzelte ist verwerflich«, wie Goethe sagt. Jede Isolierung einer einzelnen Potenz des Menschen, jede Überentwicklung einer Kraft auf Kosten der übrigen ist »Vereinzelung«. Die Vereinzelung der Rationalität schließt ein, daß wir unsere Leiblichkeit und unsere Emotionalität unterdrücken oder verleugnen müssen. Jeder Lebensausdruck, zum Beispiel jede menschliche Beziehung oder auch jede schöpferische Tätigkeit, soll »ganz«, das heißt alle Kräfte beteiligend sein. Je mehr von mir ich in einer Beziehung vergessen, verleugnen, verdrängen und unterdrücken muß, desto teilhafter, begrenzter und ärmer wird die Beziehung. Eindimensionalität ist der Ausdruck solcher vorherrschenden Verarmung und Zerstörung. Sie kann eine spezifische Perfektion erreichen, aber ihr fehlt die Schönheit, die aus dem Ensemble unserer Kräfte, Erfahrungen und Beziehungen stammt. Schön wird ein Mensch in der Erfahrung der Ganzheit seiner Kräfte, im unverdrängten Zusammenspiel.

Einer der Grundsätze der New-Age-Spiritualität wird von Günther Schiwy so formuliert: »Da in der Natur alles mit allem zusammenhängt und sowohl die Vergangenheit wie die Zukunft in der Gegenwart Gottes eingefaltet sind, wirst du dein begrenztes Ich-Bewußtsein zu einem unbegrenzten Selbst-Bewußtsein erweitern und daraus selbstbewußt handeln.« (Internationale Pädagogische Werktagung, Salzburg 1988) Der Ausgangspunkt des Holismus ist die Natur, in der alles mit allem zusammenhängt; die Energiemenge, die ich vergeude oder denen, die bei uns den Luftraum besetzt halten, zu vergeuden erlaube, verändert die Vergangenheit etwa der Arten, die zum Aussterben verdammt sind, und diktiert die Bedingungen der Zukunft – als gehörte die Erde uns wie eine Schuhfabrik dem Fabrikbesitzer. Wenn wir uns dagegen selber als Brennpunkte des gottmenschlichen Bewußtseins im Universum begreifen, so hört das verfügende Besitzen und Benutzen als wesentliches Weltverhalten auf. Ganzheitlichkeit ist eine tiefe Verbundenheit mit allem, was lebt. Das neue Bewußtsein des »dynamischen Holismus« erfährt die implizite, eingefaltete Ordnung und lebt nach ihr.

Ich will hier drei Charakteristika der neuen Frömmigkeit benennen und zu sagen versuchen, in welchem Sinn ihre Träger anders, ganzheitlicher leben.

Die Unwichtigkeit materieller Werte, eine für die Generationen des Mangels erstaunliche Gleichgültigkeit gegenüber materiellen Anreizen und Belohnungen, eine neue Art der Unbestechlichkeit und eine – oft vage – Suche nach Spiritualität,

die Skepsis gegenüber Wissenschaft und Technologie, die verstanden werden als Mittel zur Unterjochung der Natur und zur Kontrolle der Menschen. Die produktive Seite dieser Skepsis ist nicht Technikverteufelung, sondern Befürwortung »sanfter« Technologien,

die prinzipiell andere Einstellung zur Natur, die Bereitschaft, sie zu schützen, ja, mit ihr einen Bund einzugehen gegen die lebensfeindlichen Mächte.

Die Anfragen, die von der jüdischen und christlichen Tradition her an diese neue Frömmigkeit zu stellen sind, kritisieren nicht das neue Verhältnis zur Natur, nicht das pantheistische Element, ohne das eine ernsthafte Korrektur des Naturimperialismus nicht denkbar ist. Anzufragen ist vielmehr von den prophetischen Traditionen der Bibel aus – das Fehlen des Elements der Gerechtigkeit. Die holistische Frömmigkeit des New Age artikuliert nicht, daß jedes Joch zerbrochen werden wird. Sie nimmt die Ganzheit von der Natur und nicht von dem erniedrigten und beleidigten »Nächsten«, zum Bilde Gottes geschaffen. Sie kritisiert zwar den neuzeitlichen Individualismus, so wie sie das atomistische Weltbild der alten Naturwissenschaft kritisiert. Aber ihrer Ganzheit fehlen die Elemente des Kampfes und des Leidens, sie erscheinen oft wie die leidensfreien Enthusiasten, die Paulus im zweiten Korintherbrief kritisiert. Wo der Geist Gottes ist, so scheinen sie zu sagen, da ist Harmonie, Ganzheit, Erfüllung, Licht in uns. Da spielen der Hunger und die, die ihn hervorrufen, keine Rolle, da erscheint die Selbstverwirklichung als das Höchste. Für Paulus ist dies ein falscher Weg, in dem man den Weg Christi zu Gott abkürzt und das Kreuz vermeidet. Als fiele das Imperium mit seiner Rüstungs- und Verelendungsbesessenheit morgen ganz von selber zusammen! Innerhalb der biblischen

Tradition jedenfalls wurde das »Gott von ganzem Herzen lieben« anders gefüllt, mit der Gerechtigkeit, die in der Tat unser ganzes Sinnen und Trachten, unsere Rationalität und unsere Emotion, unsere Phantasie und unsere Beharrlichkeit braucht.

Wie die Jünger üben sollen: Nichts Unrechtes will ich denken, kein böses Wort soll mir entfahren, freundlich und mitleidig will ich bleiben, gütig und ohne heimlichen Haß, und diesen Menschen will ich mit Liebe durchdringen, und von ihm ausgehend, will ich die ganze Welt mit Liebe durchdringen, mit alles umfassender, großer, grenzenloser, friedlicher und freundlicher Gesinnung.

Buddha, Majjhima-Nikaya 21

Lebe in der Hingabe an Gott, so bleibt deine Seele rein und dein Geist in der Zucht, und du wirst zu allem, was da lebt, Liebe empfinden.

Bhagavad-gita V,7

Die Gütigen leben ihrem *dharma* (Bestimmung) gemäß, sie zeigen ihre Freundlichkeit allem Lebendigen in der Welt.

Tamilisches Tirukkural III,3

Gibt es ein Wort, fragte ihn Dse Gung, nach dem man das ganze Leben hindurch handeln kann? – Nächstenliebe, antwortete Konfuzius. Was du dir selbst nicht wünschest, tue nicht anderen an.

Konfuzius, Lun-Yü 15,23

Wehe denen, die nur mit dem Mund beten, um von den Leuten gesehen zu werden, aber dem, der in Not ist, nicht helfen.

Koran, Sure 107, 4–7

Jo Krummacher

verlorene liebe

gottlos
ein
mensch
liebt
nur welt
verliert
sich selbst

weltfremd
ein
mensch
liebt
nur gott
verliert
seine welt

menschenfremd
eine
welt
liebt
nur sich
verliert
ihren gott

gottnah
ein
mensch
liebt
wie gott
verliert
sich an uns

weltnah
ein
gott
liebt
das leben
verliert
seinen sohn

menschennah
ein
gott
liebt
das werden
verliert
den tod

Der heilige Martin

Einmal, er besaß schon nichts mehr als seine Waffen und ein einziges Soldatengewand, da begegnete ihm in einem ungewöhnlich rauhen Winter, in dem viele der eisigen Kälte erlagen, am Stadttor von Amiens ein notdürftig bekleideter Armer. Der flehte die Vorübergehenden um Erbarmen an. Aber alle gingen an dem Unglücklichen vorbei. Da erkannte der Mann voll göttlichen Geistes, daß jener für ihn vorbehalten sei, weil die anderen kein Erbarmen übten. Doch was tun? Er trug nichts als den Soldatenmantel, den er umgeworfen; alles übrige hatte er ja schon für ähnliche Zwecke verwandt. Er zog also das Schwert, mit dem er umgürtet war, schnitt den Mantel mitten durch und gab die eine Hälfte dem Armen, die andere legte er sich selbst wieder um. Da fingen manche der Umstehenden an zu lachen, weil er im halben Mantel ihnen verunstaltet vorkam. Viele aber, die mehr Einsicht hatten, seufzten tief, daß sie ihm nicht gleichgetan und den Armen bekleidet hatten, zumal sie bei ihrem Reichtum keine Blöße zu fürchten brauchten. In der Nacht nun erschien Christus mit jenem Mantelstück, womit der Heilige den Armen bekleidet hatte, dem Martinus im Schlafe. Er wurde aufgefordert, den Herrn genau zu betrachten und das Gewand, das er verschenkt hatte, wieder zu erkennen. Dann hörte er Jesus laut zu der Engelschar, die ihn umgab, sagen: »Martinus, obwohl erst Katechumen (= Taufanwärter), hat mich mit diesem Mantel bekleidet.« Eingedenk der Worte, die er einst gesprochen: »Was immer ihr einem meiner Geringsten getan, das habt ihr mir getan«, erklärte der Herr, daß *er* im Armen das Gewand bekommen habe. Um das Zeugnis eines so guten Werkes zu bekräftigen, war er gnädig genug, in dem Gewande, das der Arme empfangen hatte, zu erscheinen.

Sulpicius Severus, Vita Sancti Martini 3

Rudolf Kautzky

Ist das »Doppelgebot der Liebe« wirklich ein Doppelgebot?

Die bei Matthäus, Markus und Lukas nur wenig unterschiedlichen Stellen über das sogenannte Doppelgebot, das Gebot der Gottes- und Nächstenliebe, sind den meisten von uns so geläufig, daß wir uns oft gar nicht viel Gedanken über sie machen. Dies ist allerdings insofern erstaunlich, als in den genannten Stellen behauptet wird, allein auf dieses Doppelgebot komme es im Leben jedes Menschen an. Dabei bedarf es gar keiner großen Nachdenklichkeit, um auf alle möglichen Probleme zu stoßen, die sich aus diesen Bibelstellen ergeben. Das beginnt schon damit, daß sowohl der Gesetzeslehrer wie Jesus nach dem höchsten Gebot gefragt, erstaunlicherweise zwei Zitate aus dem Alten Testament, in dem es ja von Gesetzen geradezu wimmelt, zusammenziehen, obwohl sie dort an ganz verschiedenen Stellen stehen und das über die Nächstenliebe sogar verborgen zwischen dem Verbot der Rache und dem der Kreuzung verschiedener Tierarten. Das läßt ein bißchen daran zweifeln, ob sich die Szene wirklich so abgespielt hat wie beschrieben. Wie dem auch sei, inhaltlich waren sich Jesus und der Gesetzeslehrer offenbar einig, daß nur durch die Beachtung dieses Gebotes »ewiges Leben« zu erlangen sei.

Aber was verstanden sie eigentlich inhaltlich unter dem Doppelgebot? Das, weil immer an erster Stelle genannt, Wichtigere ist offenbar, Gott zu lieben. Das hätte aber die Konsequenz, daß – wenn die Liebe zu Gott und zum Nächsten einmal in Konkurrenz gerieten – Gott vorzuziehen wäre. Was heißt aber überhaupt »Gott lieben«? Wenn Gott nicht als eine Art Übermensch verstanden wird, was ja zweifellos dem jüdisch-christlichen Glauben widerspricht, wenn wir ihn nicht einmal durch seinen Namen definieren, uns von ihm kein Bild machen sollen, wie es die ersten Gebote des Dekalogs vorschreiben – was sollen wir dann lieben? Dann bleibt die Liebe zu Gott doch eine diffuse, ja inhaltsleere und deshalb unter Umständen sogar gefährliche Phrase. Und diese soll im Entscheidungsfall dann der Liebe zum Nächsten vorgezogen werden? Wenn es aber diesen

Entscheidungsfall nicht geben kann, weil das zweite Gebot »dem ersten gleich ist«, wozu brauchen wir dann zwei Gebote? So geht es also auch nicht. Wie aber anders?

In einer Fußnote zu unserer Stelle schreibt Ulrich Wilckens in seiner Übersetzung des Neuen Testamentes: »In ihr (der Nächstenliebe) findet die im Gesetz geforderte Liebe zu Gott das Feld ihrer Betätigung.« Das scheint mir zumindest ein hilfreicher Hinweis zum Verständnis des Doppelgebotes. Er ist freilich immer noch mißverständlich: Sollen wir Nächstenliebe nur oder doch vor allem üben, weil wir im Nächsten Gott oder Jesus sehen? So wird es oft von Christen mißverstanden und gefordert, ohne daß sie dabei bedenken, welche Mißachtung des Nächsten diese »Nächstenliebe« bedeutet. Eigentlich lieben wir dann nicht ihn, sondern Gott oder Jesus. Und da wir diese nicht konkret lieben können, wählen wir als Vertreter, als Ersatz dafür, ihn, den »Nächsten«. Als Rechtfertigung für eine solche Haltung kann keineswegs die Erzählung vom Jüngsten Gericht herangezogen werden, in der Jesus zu den Gerechtfertigten sagt: »Was ihr für einen meiner geringsten Brüder getan habt, das habt ihr mir getan.« Sicher empfand Jesus aus Solidarität mit seinen geringsten Schwestern und Brüdern Gutes, das diesen gewährt wurde, auch als ihn selbst betreffend. Aber davon wußten die vor dem Weltgericht Stehenden gar nichts. Das war nicht der Grund für ihr Verhalten. Sie dachten dabei nur an ihren »Nächsten«.

Wenn aber im Neuen Testament doch eine Definition Gottes – als Konsequenz seiner Menschwerdung – als einzige zulässig wird, so ist es die Formulierung aus dem Johannesbrief: »Gott ist Liebe.« Dann aber bedeutet »Gott lieben« – »die Liebe lieben«, und zwar die Liebe zum Nächsten, denn Liebe muß ein Gegenüber haben. Diese Liebe ist nicht irgendein Gefühl, eine Sentimentalität, sondern die bewußte Achtung aller Mitmenschen, unsere zuversichtliche Solidarität mit ihnen. Die Liebe zu uns selbst wird in dem Gebot nicht gefordert (wie es manche deuten), sondern als anzustrebendes Maß herangezogen, das bei jedem als selbstverständlich vorauszusetzen ist, selbst wenn er sich in verirrtem Egoismus selbst quält.

»Gott lieben« ist also eine Abstraktion, ein Ausdruck für die jeweils konkrete Liebe zu jedem Menschen, der unserer Hilfe, unserer Zuwendung bedarf. Die beiden Teile des Doppelgebotes zielen auf das gleiche. Ähnlich könnte man sagen: Ich liebe Musik, also liebe ich Bach, Schubert, Strawinsky usw. oder umgekehrt. Musik ist die Abstraktion der konkreten Musikwerke. Sie ist nicht etwas neben oder gar vor diesen.

Könnten wir dann aber nicht auf die abstrakte Gottesliebe verzichten, wenn wir nur konkret unseren Nächsten lieben wie uns selbst? Oder wäre das dann »nur Ethik«, »nur eine atheistische Humanität«? Wo bliebe das spezifisch Christliche?

Das spezifisch Christliche ist seit der »Menschwerdung Gottes«, seit ihrer Repräsentation durch Jesus, gerade die Identifikation von Gottes- und Nächstenliebe, die auf den Nächsten ausgerichtete Haltung im individuellen wie im überindividuellen Bereich – auch in den sozialen und politischen Strukturen. Sie ist unser einziger Gott, »neben dem wir keine anderen Götter haben«. Denn es genügt uns Christen nicht, daß wir auch Nächstenliebe üben neben allen möglichen anderen Neigungen (»Göttern«), sondern es kommt darauf an, daß diese Nächstenliebe, wie sie umrissen wurde, unser ganzes Leben bestimmt, und das unbedingt, daß sie erfahren und gewährt wird, das ist, »was uns unbedingt angeht« (so hat Paul Tillich den Begriff »Gott« verständlich zu machen versucht). Wer diese Orientierung gegenüber allen Mitmenschen so unbedingt als die Leitlinie seines Lebens zu verwirklichen sucht, der kann mit Worten vielleicht die Gottesliebe für sich als unverbindlich erklären, aber er »glaubt«, auch wenn es ihm nicht bewußt ist, an den Gott der Christen. Sein Leben hat schon jetzt einen unübertrefflichen Sinn – er hat »ewiges Leben« erlangt.

Der heilige Laurentius

Solches Gold bewahrte der heilige Märtyrer Laurentius dem Herrn auf: Als man nämlich von ihm die Kirchenschätze forderte, versprach er, sie zu zeigen. Am folgenden Tag führte er die Armen vor. Auf die Frage, wo die Schätze wären, die er versprochen hatte, zeigte er auf die Armen und sprach: »Das sind die Schätze der Kirche. Und fürwahr Schätze, die Christus in sich bergen, die Christi Glauben in sich bergen. Welche besseren Schätze hat Jesus als die, worin er selbst geschaut zu werden wünschte.« Diese Schätze zeigte Laurentius vor, und er blieb Sieger, weil selbst der Verfolger sie nicht rauben konnte.

Ambrosius, De Officiis I, 140

Dietrich Stollberg
Zwischen Eigenliebe und Nächstenliebe

Selbständig, frei und verantwortlich

Thema unserer Überlegungen ist die Liebe – ein schönes Thema, ein Lieblingsthema der Menschheit! Die Formulierung der Überschrift »Zwischen Eigenliebe und Nächstenliebe« weist uns freilich schon darauf hin, daß auch die Liebe so eindeutig wohl nicht ist, wie wir sie uns wünschen, sondern Spannungen, Widersprüche und Schwierigkeiten enthält, die man gerade bei der Liebe so nicht vermutet hätte. Um dem ein bißchen auf die Spur zu kommen, gehe ich von einer Beobachtung aus.

Fragt man die Leute, was der wichtigste Inhalt des christlichen Glaubens sei, so hört man nicht selten die Antwort: die *Nächstenliebe*. Auch auf die Frage, was Jesus gelehrt habe, wird gelegentlich so geantwortet. Manche erwähnen in diesem Zusammenhang das Gleichnis vom barmherzigen Samariter (Lukas 10,25 ff.). In diesem Gleichnis habe Jesus gezeigt, daß man Menschen, die in Not geraten sind, helfen solle.

Fragt man jemanden, was *Menschlichkeit* sei, bekommt man ähnliche Antworten: Verständnis und Toleranz für andere, Hilfsbereitschaft, Großzügigkeit und selbstloser Einsatz für andere in jedweder Not.

Die Frage nach der Christlichkeit und die Frage nach der Menschlichkeit werden also parallel beantwortet. »Christlich« ist für viele gleich »menschlich«. Und so ganz verkehrt ist das ja auch nicht, selbst wenn man bei genauerem Hinsehen noch vieles dazu sagen müßte. Aber was haben denn das »Christliche« und das »Menschliche« so gesehen gemeinsam? Daß etwas für andere getan werden soll, das soziale Engagement also, die solidarische Einstellung zum Mitmenschen. Im Zusammenhang unseres Themas interessiert nun weniger der Gegensatz zwischen Christentum und Humanismus, falls es einer ist, sondern erstens: diese wie selbstverständlich vorgebrachte Meinung, etwas für andere zu tun, sei gut, und zweitens die Tatsache, daß das Christentum einerseits als ein Vorkämpfer von Menschlichkeit und Nächstenliebe aufgefaßt, andererseits aber als unmenschlicher, lebensfeindlicher und moralistischer Anwalt von Weltverachtung und – so sagt zum Beispiel der Philosoph NIETZSCHE – als Ursache von grausamem »Haß … gegen die Freuden der Sinne, gegen die Freude überhaupt« kritisiert werden kann.

Gespaltene Liebe

Die Erklärung für diese Doppelgesichtigkeit des Christentums hängt direkt mit unserem Thema »*Zwischen* Eigenliebe und Nächstenliebe« zusammen, denn: wo Eigenliebe und Nächstenliebe *auseinanderfallen*, da gilt Selbstlosigkeit als Basis der Nächstenliebe, Selbstverleugnung als tugendhafte Grundlage des Opfers für andere und Eigenliebe als Sünde, ja – um mit CALVIN zu sprechen – als »eine Pest«. Wenn man die Frage nach der Liebe mit einem Entweder-Oder beantwortet, also: entweder Eigenliebe oder Nächstenliebe, dann nimmt man einen grundlegenden Widerspruch zwischen der Liebe zu sich selbst und der Liebe zu anderen Menschen an. Manchmal wird das Wort »Liebe« in der Umgangssprache so gebraucht, als bezeichne es die Selbstlosigkeit schlechthin, als bedeute Liebe das Immer-und-überall-hilfreich-um-andere-Kreisen. »Ich liebe dich« hieße dann: »Ich bin immer für dich da.« Ist der andere einmal weg oder entzieht sich irgendwie, wird das als »Du liebst mich nicht« empfunden. »Ein Leben für andere« gilt als Gipfel solcher Moral; Selbstlosigkeit ist dann gut, Selbständigkeit und Abgrenzung gegenüber dem Partner gilt dann als böse.

Das fängt schon in frühester Jugend an: Wenn die Kinder trotzen, schimpfen die Eltern, denn Gehorsam und Fügsamkeit sind für sie angenehmer als Widerspruch. »Den Trotz muß man brechen«, heißt ein entsprechendes pädagogisches Rezept. Es führt leider sehr erfolgreich zu »selbstlosen« Charakteren, die ihr eigenes Selbst los sind. Als Erwachsene wirken sie auf den ersten Blick tugendhaft, äußerst sozial, häufig in einem helfenden Beruf tätig, immer um andere bemüht und bescheiden zurückstehend, wenn etwas Erstrebenswertes nur für *einen* zu bekommen ist. Man sollte meinen, solche Menschen wären die idealen Liebespartner und gingen auf dem Heiratsmarkt sozusagen weg wie warme Semmeln. Erstaunlicherweise ist das keineswegs der Fall – im Gegenteil, diese einfühlsamen und rücksichtsvollen, ewig bemühten Persönlichkeiten bleiben oft allein. Wie kommt das? Jeder, der sich näher für sie interessiert, etwa indem er sich in sie verliebt, merkt bald, daß dieser »Liebe« etwas Entscheidendes fehlt: eine gehörige Portion Eigeninteresse und ein wichtiger Schuß Aggressivität. Wer liebt, möchte, daß auch der andere etwas davon hat; er will nicht nur Objekt liebevoller Betreuung oder gar Aufopferung sein; es fehlt ihm ein Gegenüber, das ihn nicht unbedingt braucht, sondern unabhängig ist. Die »selbst-lose« Liebe will abhängig sein und abhängig machen. Die Flucht aus einer solchen Beziehung ist eine gesunde Reaktion.

Ich sagte, einer solchen saft- und kraftlosen Liebe fehle nicht nur das Eigeninteresse, sondern auch die Aggression. Wer in diesem Sinne selbstlos liebt, kämpft nicht für sich, dient zwar dem anderen und unterwirft sich, aber mutet sich dem Partner nicht wirklich mit dem Eigengewicht zu, das dieser durchaus bei ihm sucht. Er verleugnet sich also ein ganzes Stück, und diese Selbstverleugnung schließt ein Stück Unwahrhaftigkeit ein. Geht der andere weg, meint diese Art von Liebe, auch dieses in Demut erdulden zu müssen. Es sind also nicht nur Eigeninteresse und Interesse am anderen auseinandergefallen, sondern auch Zuwendung und Auf-den-anderen-zugehen-Können.

»Aggredi« heißt im Lateinischen: auf den anderen oder das andere zugehen, es in Angriff nehmen. Aggression ist also eine höchst nützliche Fähigkeit, die man zum erfolgreichen Lieben unbedingt braucht. Sie schließt Initiative, Kampfgeist und die Kraft zur Bewegung auf ein Ziel hin ein, wird aber verhängnisvollerweise oft genug verteufelt. Das kommt daher, daß sie – von der Liebe abgespalten, also lieb-los – zerstörerisch wirken kann. Wir sehen jetzt aber auch, daß eine Auffassung, die die Liebe ohne Selbständigkeit der Liebenden und ohne die Kraft der Zielstrebigkeit haben möchte, dieser sich selbst balancierenden Verbindung von Liebe und Kampf schadet. Die Folge ist eine Gesellschaft, in der man sich beziehungslos und kampflos hier liebt und langweilt, dort aber beziehungslos und lieblos bekämpft.

Dabei bewirkt dieses Auseinanderfallen, diese Spaltung von Liebe und Angriffslust, aber auch von Eigeninteresse und Interesse am anderen nicht etwa, daß der eine Mensch nur noch Nächstenliebe, der andere nur noch Eigenliebe hätte. Es ist vielmehr so, daß auch der scheinbar selbstloseste Mensch *unbewußt* unter dem Deckmantel seiner Tugend höchst egoistische Ziele verfolgt, zum Beispiel unter dem Schein permanenten Dienens massive Herrschaft. Und die ich-süchtigste Person ist unter dem Deckmantel völligen Desinteresses am Ergehen anderer Menschen doch auch auf

Glück aus. Glück ist aber in dieser Welt aufs engste an Beziehungen gekoppelt. Selbstlosigkeit und Selbstsucht sind also zwei Seiten ein und derselben Medaille. Der Selbstlosigkeit fehlt das Selbst, der Selbstsucht fehlt der andere.

Ein Aspekt der Liebe ist in *beiden* vorhanden: das eine Mal sozusagen chemisch reine Nächstenliebe, das andere Mal chemisch reine Eigenliebe, aber eben abgespalten von dem, was Liebe erst zur Liebe macht, zu einer Kraft, die Beziehungen zwischen Menschen hervorruft, nährt und am Leben erhält. Und so ist »chemisch reine« Nächstenliebe genauso wenig echte Liebe, wie »chemisch reine« Eigenliebe echte Liebe ist, auch wenn sie beide noch erkennen lassen, was Liebe, dieses bedingungslose Engagement für jemanden und etwas, sein könnte.

Daß sich das Christentum den Vorwurf lebensfeindlicher Grausamkeit und asketischer Selbstverneinung gefallen lassen muß, hängt mit den beschriebenen Spaltungsvorgängen zusammen, die zur absoluten Liebesunfähigkeit unter Menschen, zur »emotionalen Pest«, wie Wilhelm Reich das genannt hat, führen können. Demgegenüber möchte ich jetzt noch einmal unseren Blick auf den biblischen Zusammenhang lenken, in dem das eingangs erwähnte Gleichnis vom barmherzigen Samariter erzählt wird.

Das christliche »Liebesgebot«

Im 10. Kapitel des Lukasevangeliums ist von einer Diskussion zwischen jüdischen Gelehrten die Rede, in die Jesus einbezogen wird. Man erörtert die Frage, wie man das ewige Leben bekommen könne und zitiert die Heilige Schrift, wo es heißt: »Du sollst den Herrn, deinen Gott, lieben mit ganzem Herzen und ganzer Seele, mit all deiner Kraft und all deinen Gedanken, und: Deinen Nächsten sollst du lieben wie dich selbst« (10,27). Darin sind sich die jüdischen Gelehrten einig: Man muß diesem Wort gehorchen, um das Leben ewigen Glücks zu erhalten, nach dem man sich sehnt. Aber schon kommt das nächste Problem: »Wer ist denn überhaupt mein Nächster?« Und als Antwort auf diese Frage erzählt Jesus dann die berühmte Geschichte vom Samariter.

Was erkennen wir daraus für unsere Frage nach der Liebe? Hören wir genau hin: Der Schriftgelehrte, der Jesus Fragen stellt, möchte das ewige Leben bekommen, er möchte glücklich werden, lebendig, zufrieden im umfassenden Sinne, und zwar für immer und ewig. Als

Weg dazu empfiehlt ihm seine eigene Glaubensüberlieferung, die Thora, also die fünf Bücher Mose, die hier zitiert werden, die uneingeschränkte Liebe zu *Gott* und zu den *Mitmenschen*, die ihm gerade begegnen und ihm *so* am nächsten sind, daß auch er ihnen nahekommen kann. Außerdem wird die Liebe zum Nächsten verglichen mit der Liebe zu *sich selbst*. Die Eigenliebe wird vorausgesetzt: Sich selber liebt man ja sowieso am meisten, jedenfalls im Normalfall. Mit derselben Intensität und Selbstverständlichkeit soll man den, der einem gerade nahekommt und einen braucht, auch lieben.

Wir hören hier von drei Arten der Liebe, besser gesagt: von drei verschiedenen Zielen, auf die sich die Liebe richten kann, nämlich auf Gott, auf uns nahe Mitmenschen und auf uns selbst. Nun heißt unser Thema ja »Zwischen Eigenliebe und Nächstenliebe«. Können wir Gott da nicht einfach weglassen? Ich denke, wir könnten das schon. Allerdings vermute ich, daß es kein Zufall ist, wenn auch in modernen Büchern über die Liebe, etwa in ERICH FROMMS berühmter »Kunst des Liebens«, die Rede doch wieder auf Gott kommt – nicht weil Gott das nötig hätte, sondern weil die Liebe, wenn sie wirklich Freude geben, lebendig machen und umfassendes Glück schenken soll, ohne Gott nicht auszukommen scheint.

Wie ist das zu verstehen? Eine einigermaßen sachgemäße und befriedigende Antwort zu geben hieße mindestens ein ganzes Buch darüber zu schreiben, denn die Zusammenhänge zwischen menschlicher Frömmigkeit oder Religiosität einerseits und dem Verhalten der Menschen zueinander andererseits sind sehr kompliziert und durchaus von empirischer Art. Aber immerhin kann man einige Aspekte davon vielleicht plausibel formulieren, zum Beispiel die Erfahrung, daß menschliche Liebe ohne Liebe zu Gott leicht zum Götzendienst wird: Der oder die Geliebte wird dann zur oder zum »Angebeteten«, muß über kurz oder lang enttäuschen, und die irdische »Gottsuche« geht weiter. Wir Menschen brauchen etwas, das wir »vergöttern«. Ist es nicht Gott selbst, setzen wir Menschen oder Dinge an seine Stelle, die wir dann nicht mehr realistisch sehen, sondern mit einem Heiligenschein umgeben.

Wir können also erstens sagen: Wer an Gott glaubt, kann deshalb die Menschen, und seien sie noch so geliebt, *realistisch* sehen, denn er weiß, sie sind ja nicht Gott. Seine Ansprüche an sich selbst und an andere dürfen geringer sein, als wenn er selbst oder die anderen Gott ersetzen sollten. Wer an Gott glaubt, der selbst die Liebe ist, und wer glaubt, daß er von diesem Gott geliebt wird, kann daher barmherziger mit sich und anderen umgehen. Wer freilich nicht glaubt, daß Gott die Liebe ist, sondern etwa meint, daß Gott das Prinzip des gerechten Lohnausgleichs darstellt, der Vergeltung und der kleinlichen Aufrechnung »Auge um Auge, Zahn um Zahn«, der wird auch im zwischenmenschlichen Umgang kleinlich sein.

Daraus ergibt sich *zweitens*, daß unsere Liebe zu anderen *so* aussieht, *wie* wir uns unsere Gottesbeziehung vorstellen, und daß die Gottesbeziehung eines Menschen vermutlich *so* aussieht *wie* seine Liebe zu anderen Menschen. Je nachdem, wie die Gottesbeziehung aussieht, sieht auch unsere Eigenliebe aus, und dieser entspricht wiederum die Gestalt unserer Nächstenliebe. »Sicut de Deo cogitas sic ipse«, sagt LUTHER: »Wie du von Gott denkst, so bist du selbst.«

Ein *dritter* Gesichtspunkt hat mit der Beziehung zu unseren eigenen Eltern oder Erziehern in frühester Kindheit zu tun: Für das Kind fallen *Gott* und *Eltern* zusammen. In dem Maße, in dem es erwachsen wird und seine Eltern auch in ihrer menschlichen Begrenztheit, ja Schwäche erkennt, entsteht in seinem Inneren eine Vorstellung von Gott, der all das hat und kann, was die Eltern nicht haben und können. Wenn das erwachsen gewordene Kind aus dem Hause geht oder die Eltern durch ihren Tod verliert, hat es in seinem Inneren eine entsprechende Vorstellung entwickelt, die ihm das Gefühl gibt, nicht allein zu sein, die aber auch mitspricht in den Beziehungen zu anderen Menschen. Je nachdem, wie weit unser Konflikt und unsere Aussöhnung mit den Eltern gediehen sind, sieht unsere Beziehung zu Gott aus. Und sie ist die Grundlage unserer Beziehung zu uns selbst, und unsere Beziehung zu uns selbst spiegelt sich wider in der Beziehung zu anderen.

Jetzt verstehen wir, weshalb die Liebe zu Gott, zum Nächsten und zu uns selbst von Jesus in einem Atemzug genannt werden. Und wir verstehen auch, warum es den Verfassern des Neuen Testaments so darauf ankam, daß Gott vor allem und ganz wesentlich Liebe ist: »Gott ist Liebe, und wer in der Liebe bleibt, bleibt in Gott, und Gott bleibt in ihm« (1. Johannes 4,16). Der Zusammenhang mit dem Umgang mit anderen, mit der Nächstenliebe also, wird denn auch sogleich hergestellt: »Wenn jemand sagt: Ich liebe Gott!, aber seinen Bruder haßt, ist er ein Lügner... Und dieses Gebot haben wir von ihm: Wer Gott liebt, soll auch seinen Bruder lieben« (1. Johannes 4,20f.).

Nun hört man aber oft von Kanzeln und in christlichen Zusammenhängen aller Art, *nicht* der Mensch, *sondern* Gott sei wichtig, *nicht* unser Ich, *sondern* Gottes Liebe zu den Menschen, und dergleichen mehr. Ich halte diesen Gegensatz für verhängnisvoll. Er führt zu der eingangs besprochenen Spaltung von Gottes-, Eigen- und Nächstenliebe, die zur Verlogenheit, zum Haß und zum Krieg führt: hier zwischenmenschliche Affenliebe, dort zerstörerische Aggression. Man muß zwar Liebe zu Gott und Liebe zu den Menschen unterscheiden, darf aber keinen Gegensatz – entweder liebe ich Gott oder die Mitmenschen, entweder mich selbst oder die anderen – konstruieren.

Von dem Schweizer Nationalheiligen NIKOLAUS VON DER FLÜE kennen wir ein schönes Gebet, das man genau im Sinne dieses destruktiven Gegensatzes verstehen könnte. Es lautet:

»O Herr, nimm mich mir
und gib mich ganz zueigen dir!«

NIKOLAUS war aber alles andere als ein Mann, der selbstlos nur nach dem Wohlergehen anderer gefragt hätte. Er verließ zu Beginn seines letzten Lebensdrittels Frau und Kinder ohne Rücksicht auf deren Gefühle und die Liebe, die ihm seine Familie entgegenbrachte, und zog sich, wenn auch auf eigenem Grund und Boden, die letzten zwanzig Jahre seines Lebens in die Einsamkeit zurück. Seine Hütte kann man in der Nähe des Sarner Sees in der Schweiz noch heute besichtigen.

Moderne Psychologen würden sagen, NIKOLAUS zog sich nicht zurück, um von sich weg und zu Gott hin zu flüchten, sondern um sich selber mehr als bisher zu finden. Die Selbstfindung und das Auffinden Gottes sind jedoch gar nicht zu trennen. Auf der Basis größerer »Individuation«, wie die Schule von CARL GUSTAV JUNG das nennt, entwickelte NIKOLAUS dann eine neue Stufe seiner Nächstenliebe, die nicht mehr aus aktivem militärischem und politischem Einsatz, sondern aus Zuhören, Verstehen und Dasein für Ratsuchende bestand. Einer seiner wichtigsten Ratschläge betraf den politischen Frieden und das Akzeptieren der eigenen Grenzen.

Das »Nimm-mich-mir« seines Gebetes bezog sich also nicht auf Eigenliebe und Selbständigkeit als solche, sondern auf eine falsche Eigenliebe; nennen wir sie »Selbstsucht«. Es ging und geht um jene ängstliche Sicherung des eigenen Lebens und Vorteils gegenüber Anforderungen, die größer und wichtiger sind als das eigene Wohlergehen, ja als das eigene Leben. Der ängstliche und gierige Kampf ums eigene Überleben soll aufhören. NIKOLAUS weiß, daß diese Hektik und dieses Getriebensein aufhören, wenn er Gottes Liebe wahrnehmen kann, wenn er sich als Eigentum Gottes empfindet, der ihm die Sorge für sich und sein Eigentum abnimmt. So sehen wir in NIKOLAUS ein Beispiel für das Zusammenwirken von Gottes-,

Nächsten- und Eigenliebe. Christliche Selbstverwirklichung und Verbundensein mit Gott sind bei ihm identisch. So ist es übrigens bei vielen Heiligen gewesen. Ihr eigenes Glück war ihnen durchaus nicht unwichtig, sondern drängte sich so sehr in den Vordergrund, daß sie es als Ungehorsam empfunden hätten, sich selbst zu verleugnen und weiterhin so wie bisher zu leben. Durch das, was sie »Umkehr« nannten, die radikale Veränderung ihres Lebensstils, fanden sie die Liebe wieder, die Liebe zu Gott, zu sich selbst und zu den anderen. Sie söhnten sich aus, gaben die innere ständige Revolte auf und gewannen ihren »Seelenfrieden« zurück. Freilich fanden sie damit keineswegs ein harmonisches, ruhiges und bequemes Leben. Man kann sagen, daß sie »ihr Kreuz auf sich« nahmen, sich Konflikte und Unverständnis, Entbehrungen und Armut, ja oft sogar das Martyrium einhandelten, aber eben auch ihr inneres Glück, das ihnen durch nichts in der Welt ersetzbar zu sein schien.

Selbständigkeit und Verantwortung

Fragen wir zum Schluß noch einmal: Hat Jesus nicht gesagt, man solle sich selbst verleugnen und sein Kreuz auf sich nehmen (Matthäus 16,24)? Hat er nicht Lebensfeindlichkeit und Abschied von der Freude am Dasein empfohlen? Ja und nein! Christus befreit von jenem ängstlichen und gierigen Ich, das in der Liebe immer einen Vorbehalt macht – ich liebe dich, soweit es mir selbst nicht schadet und solange ich etwas davon habe –, und er befreit von jenem Musterschüler-Ich, das durch Gehorsam gegenüber Autoritäten, durch Unterwürfigkeit, Gesetzestreue und Anpassung sich das Glück verdienen möchte. Christus ermutigt zu einem neuen Ich, das selbständig und frei ein eigenständiges Leben wagt und um dieser Freiheit willen auch Konflikte riskiert, Konflikte mit der herrschenden Gesellschaftsordnung, mit Leben unterdrückenden Normen, Personen und Institutionen, ja auch mit der Kirche.

Sigmund Freud sagte: »Wo Es war, soll Ich werden.« Ich verstehe diesen Satz als eine Auslegung der Botschaft Jesu: Wo eure Wünsche und eure Ängste herrschten, soll Verantwortlichkeit aus freier Entscheidung das Regiment übernehmen. Eigenliebe und Nächstenliebe sind dann keine Gegensätze mehr, sondern kommen zusammen in der Selbständigkeit, Verantwortung und Freiheit von Menschen, die einander liebevoll begegnen.

Claus-Dieter Schulze
Du brauchst dich nicht zu quälen mit der Nächstenliebe

Predigt über Mt 22,34–40

Liebe Gemeinde! Was empfinden Sie, wenn Sie einen Ihnen unsympathischen Menschen in der Klemme sehen? Schadenfreude? Mitleid? Da ist der Alten aus der Wohnung über Ihnen, die sich ständig über Ihren lauten Fernseher beschwert, auf der Straße die Einkaufstasche hingefallen. Alles liegt herum, Tüten sind aufgeplatzt, Eier ausgelaufen. Was tun Sie? Gehen Sie rüber auf die andere Straßenseite und helfen Sie aufsammeln, oder gehen Sie vergnügt weiter und tun so, als ob Sie nichts bemerkt hätten? Oder was tut Ihr Jugendlichen, wenn so ein Angeber aus der Parallelklasse sich im Park den Fuß verstaucht, so ein lauter Mensch, der andern die Freundinnen abspenstig macht? Holt Ihr Hilfe oder gönnt Ihr ihm, daß er mal außer Gefecht gesetzt ist? Schadenfreude oder Hilfsbereitschaft, was wird wohl in der Regel stärker sein? Kleine Pause zum Nachdenken!

Jeder wird wohl vor sich selbst zugeben, daß meist die Schadenfreude oder mindestens die Bequemlichkeit stärker ist als das Helfen. Mancher wird aber auch sagen: Die Beispiele sind zu harmlos; die Tasche hebe ich doch aus Anstand auf – aber was ist mit Zumutungen, die mich viel Zeit und Kraft kosten? Wie wird der Prediger dazu beflügeln? Vielleicht zitiert er nochmal den Predigttext und bedauert zunächst, daß wir unsere Nächsten so wenig lieben. Und dann wird er uns das irgendwie schmackhaft machen, warum wir uns trotzdem Mühe geben sollen. Mal sehen, wie er uns zu größeren Leistungen anspornen will.

Ja, eigentlich will ich das gar nicht, weil es nämlich nicht geht. Und wenn's doch geht, geht es nicht gut. Es wird dann oft eine ziemliche Quälerei und nichts vom Evangelium. Christentum als Hochleistungssport in der Disziplin Ethik, Spezialtraining Nächstenliebe. Und dazu dann heute morgen Übungsstunde in Theorie, bevor wir draußen unser Praktikum mit Leistungsschein machen.

Nein, so nicht. Überlegen wir nochmal einen Augenblick, warum wir uns heute mit diesem Text befassen, der das »Doppelgebot der Liebe« genannt wird. Wir haben mit diesen Predigten versucht, als Christen den Sinn der Zehn Gebote für unsere Zeit zu verstehen. Als Christen – das heißt: Das Neue Testament mit seiner Gotteserfahrung war als Auslegungsschlüssel für das Alte Testament bei unseren Erschließungsversuchen immer mitbeteiligt. Zu vielen Einzelgeboten hat Jesus ja auch seine Erläuterungen gegeben.

Heute geht es nun noch einmal um das Verständnis des Ganzen, um die Quintessenz der Gottesgebote, um die Absicht dessen, der hinter den Geboten steht. Und danach wird Jesus von einem Vertreter der Gruppe gefragt, die das ganze Alte Testament als eine Sammlung von Vorschriften für alle Lebenslagen versteht. Keine Lebensregung, für die nicht irgendwie der Wille Gottes schriftlich fixiert worden wäre. Die sogenannten »Zehn Gebote« sind ja nur ein winziger Prozentsatz von dem, was ein frommer Mensch wie ein Pharisäer alles zu beherzigen hat, wenn er um die Gnade, also die freundliche Nähe Gottes, bemüht ist. Ein anstrengendes Leben, aber der Erfolg läßt sich ja in vielen Tagesleistungen ablesen, meinen die Pharisäer.

So einer stellt nun dem Wanderprediger Jesus, der überall Menschen heilt und glücklich macht, die Fangfrage nach dem wichtigsten, obersten Gebot. Wie wird er antworten? Als Humanist und aufgeklärter Philantrop, der die Klassen- und Völkerschranken zerbricht und die Gleichheit aller Menschen ausruft? So klang ja vieles von dem, was er sagte und lebte. Oder doch als frommer Jude, der sich strikt dem Willen Gottes unterwirft? Modern ausgedrückt: Wird er das Alte Testament religiös oder ethisch interpretieren, mit oder ohne königlichen Gebieter, als soziologisch gut eingepaßtes Sittengesetz, dem Herz und Vernunft eigentlich von sich aus zustimmen müßten, oder als Gehorsamsforderung eines souveränen Herrschers, mit dem man nicht diskutiert?

Die Frage ist ja noch immer aktuell, und sie spaltet zuweilen die Gemeinde. Die Konservativen haben oft Angst, daß Gott zu sehr vermenschlicht wird, daß sich die Religion in Ethik auflöst. Die Progressiven haben Angst, daß die Menschlichkeit – vor allem die *Mit*menschlichkeit – der Unterwerfung unter unerforschliche Ratschlüsse des Himmels geopfert wird, daß religiöse Menschen oft asozial über Leichen gehen, wenn sie nur ihren Gott dabei festhalten können. Wenn wir uns z. B. über die Methoden des Kampfes für Menschenrechte und gegen Rassen- und Klassentrennung uneinig sind, dann steht da im Hintergrund *auch* solch ein theologischer Streit, *neben* unseren Bindungen an unsere verschiedenen Interessen.

Wie entgeht Jesus der Falle, wie löst er das Problem? Erst einmal, indem er einfach nur das Alte Testament zitiert. Das erste Zitat stammt aus dem Zusammenhang der vollständigen Wiederholung der Zehn Gebote im 5. Mosebuch (6,4f.): »Höre, Israel, Jahwe, unser Gott, ist ein einziger. Und du sollst Jahwe, deinen Gott, liebhaben von ganzem Herzen, von ganzer Seele, mit all deinen Kräften.« Du sollst dich also für Gott, für sein Wirken bei dir, grenzenlos offenhalten. – Auch das zweite Wort ist ein Zitat, also nicht erst von Jesus formuliert, sondern eine Zusammenfassung vieler Sozialgebote aus dem 3. Mosebuch (19,18): »Du sollst deinen Nächsten lieben wie dich selbst, denn ich bin Jahwe.«

Diese beiden Gebote sind für Jesus von gleichem Rang, an ihnen »hängt die ganze Thora (Gesetz) und die Propheten«, d. h. sie sind die Grundaussage (nahezu) aller Einzelbücher im Alten Testament. Mit kühnem Griff stellt Jesus, und das ist original von ihm, die zwei Kernsätze des altisraelischen Glaubens und Lebens heraus und *nebeneinander*: Du kannst Gott nur lieben, wenn du *zugleich* seine Schützlinge liebst, zu deren Schutz seine Gebote erlassen werden, deine Nächsten. Du kannst diese deine Nächsten nur lieben – du schaffst es gar nicht anders, als wenn du *zugleich* den gemeinsamen Ursprung von euch beiden liebst, Gott, *deinen* Beschützer und den Beschützer der *andern*. Und du sollst auch Ja zu dir selbst sagen, so wie Gott es zu dir sagt und du es von den andern eigentlich auch erwarten kannst.

Liebe Gemeinde, das ist also eine Art Liebe zu dritt: ich, und Gott, und der andere Mensch. Bei der »Liebe zu dritt« sind wir meist sehr skeptisch, aber hier muß man sagen, daß sie überhaupt nur als Liebe zu dritt funktioniert, daß sonst gar keine Liebe im eigentlichen Sinne da ist. Gott ist der gemeinsame Boden, auf dem ich mit meinem Nächsten stehe, das Seil, das uns zusammenbindet, die Kraft, die mich zu ihm hinzieht, auch wenn er selber überhaupt nicht anziehend ist. Gott ist *nicht* mein Nächster selbst, aber die sprechende Verbindung *zu* meinem Nächsten – wie eine Mutter, die zwei streitende Kinder einander wieder zuführt. Gott ist das eigentliche Subjekt unserer Beziehung, der Motor außerhalb unser selbst, die positive Art unserer gegenseitigen Wahrnehmung, die Liebe in Aktion. Wie gesagt, gerade dann, wenn nicht *unsere* schönen und weniger schönen Eigenschaften uns aufeinander zutreiben, wie die erotische Anziehungskraft, wie die Neugier, wie der Wille zum Beherrschen oder unser Verwertungsinteresse. »Dem, der Gott nichts bieten kann, bietet Gott die Freundschaft an«, heißt es in einem neueren Lied, das die Konfirmanden lernen. Und dem, der *mir* nichts bieten kann, vermittelt *Gott* meine Freundschaft, und kein anderer – ich selber bin nämlich nicht scharf darauf.

Deshalb wird Nächstenliebe am deutlichsten in der Feindesliebe, also bei Leuten, die mir seelisch und politisch und vielleicht auch körperlich ganz fern stehen, für die ich eigentlich nichts übrig habe. Nächste also gerade nicht die nächsten Angehörigen, die Leute aus der eigenen Clique, sondern Menschen, bei denen ich eher widerwillig zugeben muß, daß sie mit mir in der gleichen Wirklichkeit leben, auch Geschöpfe sind, daß Gott auch sie umspannt und auf seinem Boden trägt. Ich muß zugeben, daß ich ihnen viel weniger fern stehe als ich möchte, daß Gott sie nahe an mich heranrückt, daß *ich* ihr Nächster *bin*, ob ich selber will oder nicht.

Das ist der Punkt, wo Jesus vom jüdischen Denken abweicht. Bei den alten Israeliten ist »Nächster« nur der Volksgenosse – gewiß auch der unsympathische oder der, dem ich unsympathisch bin, aber den Gott durch seinen Bund mit mir zusammenschließt. Da entsteht dann aber auf die Dauer die Gefahr, daß Jahwe, der Geber und Verbinder, allmählich nur noch Hintergrund wird, daß statt dessen »Jude« eine positive Qualität in sich wird – oder Arier oder Weißer oder Bürger oder Marxist. Da wird der Nächste dann pragmatisch nach dem Volkssprichwort definiert, daß eine Krähe der andern kein Auge aushackt.

Jesus aber bindet den Begriff des Nächsten wieder zurück an den liebeschenkenden, schützenden Gott – und zwar nun international und ohne Einschränkung. So wird es bei Lukas erzählt im Anschluß an unsere Pharisäerfrage, nämlich im Gleichnis vom barmherzigen Samariter (Lukas 10,25 ff.). Wer wird für den ausgeraubten und verletzten Juden tatsächlich der Nächste? Der Samariter, der Ausländer, der Erbfeind. So wie wenn der Gastarbeiter mit seiner alten Karre auf der Landstraße anhielte und dem Deutschen Pannenhilfe leistete, während die vielen anderen flotten deutschen Wagen vorbeifahren. Oder so wie Sie den farbigen Studenten, der in der Wohngemeinschaft seiner Landsleute nicht mehr unterkommt, bei sich wohnen lassen – trotz seiner Lebensgewohnheiten und trotz seines anderen Körpergeruchs.

Dann aber jetzt noch einmal zurück zur Anfangsfrage: Sollen wir also beides auf einmal leisten, Gott lieben und den Nächsten lieben, die Religiösen zusätzlich noch den Nächsten und die Humanisten zusätzlich noch Gott lieben? Ja und Nein! Wir sollen schon, es ist aber nichts Zusätzliches, sondern ein und derselbe Vorgang, und es ist auch *eigentlich* keine Leistung, sondern eine Ermöglichung. Wieso?

Gebot ist nicht Befehl wie ein Gesetz, haben wir schon früher gesagt, sondern Appell, der mich herausruft, herauslockt und einweist in ein neues Lebensverhalten. Gebot ist zugleich Angebot, es schenkt das Verhalten, das es nahelegt, es gibt Kraft dazu, zieht mich hinein. »Du sollst« – das ist eigentlich eine falsche Übersetzung, diese Art Imperativ gibt es im Hebräischen gar nicht. »Du wirst«, müßte man exakt übersetzen, du kannst gar nicht anders, denn ich bin Jahwe, ich bin für dich da, erreichbar. Ich habe dich in meine Wirklichkeit auch mit deinem Bewußtsein hineingenommen, du kannst dich von der Liebe, die mit mir kommt, die deine Selbstverteidigungsanstrengungen überflüssig macht, tragen lassen. Du brauchst dich nicht zu quälen mit der Nächstenliebe, ich mache das für dich, gib mir nur deine Hände und dein Hirn. Wenn wir uns lieben, wenn du mit mir lebst, kannst du gar nicht kalt bleiben, auch nicht bei dem eisigsten Nächsten. Und du wirst dann auch die Phantasie entwickeln, *mit andern zusammen* auch starke Belastungen zu bestehen. Du sollst dabei nicht vor die Hunde gehen!

Das, liebe Gemeinde, ist Evangelium, gute Nachricht, die beflügelt. Da kann man sogar jubeln! Hätten Sie das gedacht, daß man sich über Gottes Gebote so freuen kann? Amen.

Die allermeisten Menschen in unseren Zonen können nicht lieben, können weder Gott noch ›ihren Gott‹, können weder Frau noch Kind noch Bruder lieben, da sie sich selbst nicht lieben können. Selbsthaß, Minderwertigkeitsgefühl, die Unlust am Werden, am eigenen seelischen Wachsen, bestimmen heute das Lebensgefühl von sehr, sehr vielen Menschen. Nicht nur von Deutschen, aber sehr auch von Deutschen. Nicht nur von Christen. Aber sehr auch von Christen. »Wissen Sie, mit mir ist nicht viel los.« Der deutsche Industrielle sagt es mir, etwas nach Mitternacht. Wir sind beide einigermaßen nüchtern. Aktionismus, hektische Aktivität, Aggressionen, Aggressivität, »immer in Bewegung sein«: die emsige Mensch-Ameise muß immer »etwas tun«, sie hält es nicht aus, bei sich selbst, in sich selbst einzukehren: »Da werde ich ja verrückt.«

Friedrich Heer

Hartmut Joisten
Barmherzigkeit und spontane Sympathie

Weihnachten, das Fest der Liebe. Das sattsam bekannte Ritual nimmt in der bundesdeutschen Republik Jahr für Jahr seinen Lauf. Durch die Kaufhäuser drängt sich Festtagsgeschäftigkeit, Hektik und Streß. Kaufen, kaufen, kaufen. In den Medien: die Jahr für Jahr stereotyp wiederholte Konsumkritik unter dem Motto »Süßer die Kassen nicht klingeln«. Und dann natürlich die Vorsätze: das nächste Jahr mache ich endgültig nicht mehr mit, lasse mich nicht mehr packen von dem eigenartig nervenden Eifer rund um Christi Geburt. Weihnachten, das Fest der Liebe.

Der Liebe? Dieses Wort weckt Erwartungen und Empfindungen, gerade an den Weihnachtstagen. Und doch scheint sein Gehalt wie verflogen, wie verdunstet. Als ob es ein in Geschenkpapier gewickeltes Nichts wäre. Vielleicht münden deswegen die Weihnachtstage für viele in Enttäuschungen, enden in einem Fiasko und lassen manchen nichts sehnlicher herbeiwünschen als den Tag, an dem der Alltag wieder seinen gewohnten Gang geht. Warum nicht einfach verzichten auf dieses anspruchsvolle Wort, an dem wir so oft scheitern, es fallen lassen, streichen aus unserem Wortschatz?

Weil es nicht geht. Nicht aus überspannter Romantik oder um ein Feuerchen der heilen Welt am Brennen zu halten. Nein, weil dieses Wort mehr ist als eine leere Hülse. Es deutet auf den tragenden Pfeiler menschlichen Lebens hin, ist jener Orientierungspunkt, an dem sich Lebenssinn entwickelt. Für Christen bündelt sich in diesem Wort jene Botschaft, die sie der Welt weiterzusagen haben: »Also hat Gott die Welt geliebt, daß er seinen eingeborenen Sohn gab, damit alle, die an ihn glauben, nicht verloren werden, sondern das ewige Leben haben«, Evangelium des Johannes, Kapitel 3. Das ewige Leben, Leben in Fülle also, Leben ohne Grenzen, prall und voll. Liebe spielt die entscheidende Rolle auf dem Weg dorthin.

Da stellt ein Schriftgelehrter, ein Bibelkundiger Jesus genau diese Frage: »Meister, was muß ich tun, damit ich das ewige Leben ererbe?« Der Mann aus Nazareth läßt sich nicht auf Diskussionen ein, er antwortet mit einer Gegenfrage: »Was steht im Gesetz geschrieben? Was liest Du?« Der Schriftgelehrte: »Du sollst den Herrn, deinen Gott lieben von ganzem Herzen, von ganzer Seele, von allen Kräften und von ganzem Gemüt und deinen Nächsten wie dich selbst.« Das ist ein Zitat aus der Thora, dem jüdischen Gesetz, den fünf Büchern Mose.

Liebe zu Gott, Liebe zum Nächsten, Liebe zu sich selbst. Die drei gehören zusammen, lassen sich nicht gegeneinander ausspielen, sind der Schlüssel zu erfülltem, zu sinnvollem Leben.

Aber: Liebe, was ist das? Nur ein Wort? Ein Gefühl, das manchmal Kapriolen schlägt und das der Vernunft widerstreitet? Ein Zueinanderhingezogensein? Ja und nein, von all dem etwas und doch mehr und anderes. Liebe läßt sich nicht definieren. Das widerspricht ihrem Wesen. Denn definieren heißt ab- und eingrenzen, handhabbar machen. Liebe aber ist ihrem Wesen nach genau das Gegenteil. Sie will nicht Grenzen ziehen, sondern Brücken bauen und verbinden. Sie läßt sich bestenfalls in ihren Wirkungen beschreiben, so wie das Dichter und Lyriker seit Jahrhunderten tun. Auch die Bibel. Eine der schönsten Beschreibungen der Liebe, die sich in ihr findet, stammt aus der Feder des Paulus:

»Wenn ich mit Menschen- und mit Engelszungen redete und hätte die Liebe nicht, so wäre ich ein tönendes Erz oder eine klingende Schelle. Und wenn ich prophetisch reden könnte und wüßte alle Geheimnisse und alle Erkenntnis und hätte allen Glauben, so daß ich Berge versetzen könnte, und hätte die Liebe nicht, so wäre ich nichts. Und wenn ich all meine Habe den Armen gäbe und ließe meinen Leib verbrennen, und hätte die Liebe nicht, so wäre mir's nichts nütze.

Die Liebe ist langmütig und freundlich, die Liebe eifert nicht, die Liebe treibt nicht Mutwillen, sie bläht sich nicht auf, sie verhält sich nicht ungehörig, sie sucht nicht das Ihre, sie läßt sich nicht erbittern, sie rechnet das Böse nicht zu, sie freut sich nicht über die Ungerechtigkeit, sie freut sich aber an der Wahrheit, sie erträgt alles, sie glaubt alles, sie hofft alles, sie duldet alles... Nun aber bleiben Glaube, Hoffnung, Liebe, diese drei; aber die Liebe ist die größte unter ihnen.«

So zeigt sich Liebe: als etwas, das sich menschlicher Berechnung genauso entzieht wie jedem methodischen Planungswillen. Ihr eignet viel Spontaneität, sie wächst und gedeiht am ehesten dort, wo unsere logischen Ketten, unsere sorgsam geknüpften Netze Löcher lassen. Vielleicht verstört sie uns deswegen so oft und fällt so unendlich schwer.

Noch einmal zurück zur Zeit Jesu, zu jenem Gespräch zwischen ihm und dem Schriftgelehrten. Es war noch nicht zu Ende, als der die Thora zitiert hatte. Der Schriftgelehrte – erpicht darauf, Jesus in die Falle einer Diskussion um Prinzipien zu locken – setzt noch eine Frage drauf: »Wer ist denn mein Nächster?« Jesus hat keine Theorie parat, breitet kein Programm vor dem Schriftgelehrten aus. Eine ganz konkrete, profane Geschichte erzählt er ihm. Da war einer unterwegs von Jerusalem nach Jericho. Irgendwo auf der Straße lauern ihm Räuber auf. Plötzlich: der Überfall. Sie schinden und schlagen ihn, nehmen ihm alles weg, was er bei sich hatte. Halbtot bleibt er am Weg liegen. Passanten kommen vorbei: zwei Herren des Klerus zunächst, ein Priester und ein Levit. Sie sehen den Überfallenen liegen und – gehen vorüber. Als dritter nähert sich ein Samariter. Zwischen seinem und dem Volk der Juden bestehen erhebliche Spannungen. Beide mögen sich nicht. Trotzdem: der Samariter hält inne, steigt von seinem Reittier ab. Es jammert ihn, heißt es in der Bibel. Er hilft dem Verwundeten, bringt ihn zu einer Herberge und sorgt für seine Pflege. Der Anblick dieses Menschen traf den Samariter mitten ins Herz. Da packt er zu – ohne groß nachzudenken über Prinzipien und Dogmatik, über Religion und Konfession, auch nicht darüber, ob seine Hilfe für ihn selber unangenehme Folgen haben könnte –, die Räuber könnten ja noch immer im Gebüsch lauern, der Sattel seines Reittiers könnte mit Blut verschmiert werden und so weiter. Der Samariter handelt spontan, tut im rechten Augenblick das Nötige. So wird er zum Nächsten.

Das griechische Verbum, das seine Reaktion beschreibt, läßt sich nicht leicht übersetzen. Das griechische Hauptwort für »Eingeweide« für den Sitz der Gefühle, steckt in dem Verbum. »Herz« ist der Begriff, den wir dafür gebrauchen. Insgesamt läßt sich die Reaktion des Samariters wohl am zutreffendsten mit dem alten christlichen Wort »Barmherzigkeit« umschreiben. Man sagt bei uns auch oft »Mitleid« dazu, das – ins Griechische übersetzt – nichts anderes bedeutet als Sympathie: sein Herz anrühren lassen, mitleiden und dadurch mitlieben. Der ermordete frühere amerikanische Präsident John F. Kennedy und sein Bruder Robert faßten ihr gesamtes Engagement unter dem – so verstandenen – Wort Mitleid, »compassion«, zusammen. Spontane Sympathie zeigen, Barmherzigkeit üben, der Samariter zeigt konkret, was das heißt. Es gilt, eine »Zivilisation der Barmherzigkeit« aufzubauen, wie es die Präsidentin des Frankfurter Kirchentages 1987, Eleonore von Rotenhan, damals forderte. Das Gebot der Liebe liefert dafür das Gerüst.

Dabei geht es nicht darum, individuelle Hilfe, die einzelne, überschaubare Tat auszuspielen gegen die Reform von Strukturen, die ungerecht sind oder die Entfaltung des Lebens, soll ich sagen, der Liebe, hindern. Beides ist nötig. Das konkrete Engagement des einzelnen spielt aber doch eine besondere Rolle, weil es auch dem Einsatz für Strukturen oder für den »fernen Nächsten« Glaubwürdigkeit verleiht. Walter Dirks: »Es ist und bleibt ganz gewiß wahr und allen denen, die nur die Fernsten zu lieben beanspruchen – was ja recht bequem ist –, energisch oder vielmehr – das ist sicherlich dasselbe – sehr liebevoll einzuschärfen, daß die Liebe zu Haus beginnt. Der räumlich Nächste, mag es ein Familienmitglied oder Kollege sein oder einer, den mir Gott überraschend über den Weg schickt, bleibt eine Grundfigur des Nächsten, ein Exempel, oft auch eine Probe darauf, ob es mir mit der Nachfolge Christi ernst ist.«

Die einzelne Tat und der Einsatz für eine bessere Welt – das zehrt Kräfte auf, und die Gefahr ist groß, die eigenen Grenzen dabei nicht zu erkennen und nicht zu respektieren. Dann verausgaben wir uns, leben über unsere Verhältnisse, schaden uns. Das will das Gebot der Liebe nicht.

Christen leben aus der Gewißheit: In allem, was sie tun, was sie unterlassen, in allem, worin sie scheitern: Gottes Liebe geht dabei nicht verloren, läßt sich immer neu entfachen. Das verleiht die nötige Gelassenheit und Ruhe, um eigene Grenzen zu akzeptieren und um eine Zivilisation der Barmherzigkeit reifen zu lassen. Aber noch etwas anderes ist wichtig, um nicht die eigenen Grenzen aus den Augen zu verlieren. Das »wie dich selbst«. Diese drei Worte sind in das Liebesgebot eng eingeflochten, und nicht selten hat die Christenheit sie in ihrer Geschichte vernachlässigt, vergessen, ja gegen sie opponiert. Sören Kierkegaard, der dänische Denker aus dem vorigen Jahrhundert, bemerkte: »Kein Ringer kann seinen Gegner so fest, so unentrinnbar umklammern, wie dies Gebot die Selbstliebe umklammert.« Ja, dieses Gebot sagt: Wir sollen und können uns selber akzeptieren. Mehr noch. Wir sollen und können uns mögen, uns lieben, barmherzig zu uns selber sein. So wie wir sind, mit allen Seiten, die unsere Persönlichkeit hat, den krummen und den geraden. Nur wenn wir uns selber mögen, können wir unseren eigenen Weg finden, und nur wenn wir in Übereinstimmung mit uns selber leben, können wir lieben.

Der Sozialpsychologe und Psychoanalytiker Tobias Brocher weist auf diesen Zusammenhang hin: »Die Wirklichkeit bestätigt, daß viele hilfesuchende Menschen den Anspruch erheben geliebt zu werden, ohne zu begreifen, daß Erfüllung und Heilung nur daraus erwachsen können, Liebe zu geben. Wer sich selbst nicht lieben kann als das, was er ist, ein Mensch, wird den anderen nicht als Bruder lieben können, weil er die an sich selbst ungeliebten Züge gleich auf den anderen projiziert, um ihn von seiner Liebe auszuschließen.«

Liebe: Barmherzigkeit, spontane Sympathie, etwas, das sich unseren Definitionsversuchen letztlich entzieht. Viel mehr aber als ein Wort, mehr als süßliche Romantik, mehr auch als eine leere Hülse. Nein, das große Stück des Lebens selbst, Weg und Ziel, immer irgendwo zwischen Erwartung, Enttäuschung und Erfüllung. Wir kommen nicht aus ohne sie, auch wenn sie sich nicht in unsere Systeme verrechnen läßt. Sie kommt nicht auf Knopfdruck, auch nicht an einem »Fest der Liebe« wie Weihnachten. Sie ist – das ganze Jahr über Tag für Tag – im weitesten Sinne eine Herzensangelegenheit, Gott, dem Nächsten und uns selbst gegenüber.

Möglich, daß wir nicht fähig sind zu lieben, gerade weil wir uns danach sehnen, geliebt zu werden, das heißt: weil wir vom anderen etwas wollen (die Liebe), anstatt ohne Ansprüche auf ihn zuzugehen.

Milan Kundera

Volker Nollau

Der Mantel der Nächstenliebe

»Ich singe Dir mit Herz und Mund, Herr, meines Herzens Lust...« Wer hat nicht sofort die Melodie dieses Liedes im Ohr. Seit über dreihundert Jahren erklingt es – ein »Evergreen« – in unseren Gottesdiensten. Sein Dichter ist wohlbekannt. Paul Gerhardt. Inmitten des Dreißigjährigen Krieges und seiner »Nachkriegszeit« verkündete er mit diesem und vielen anderen Liedern die Liebe zu seinem Gott.

In jedem seiner kaum zählbaren Verse spüren wir es deutlich. Das ist eine Liebe von ganzem Herzen, von ganzer Seele, von allen Kräften und von ganzem Gemüt. Zu seinem Gott.

Manchem aber wird noch heute – wegen bedrückender Assoziationen – der Gedanke schwer nachvollziehbar sein: Während Mütter um das Ende der scheinbar endlosen Gewalttätigkeiten flehten, Kinder angstvoll nach dem Sinn ihres bedrohten Daseins fragten, das Entsetzen über ungekannte Grausamkeiten aus vielen Gesichtern sprach, Trommeln den Aufmarsch immer neuer Regimenter verkündeten und Kanonen überall in deutschen Landen die Erde erzittern ließen... wollte Paul Gerhardt die Botschaft aus dem 10. Kapitel des Lukas-Evangeliums verkünden.

Auf die Frage, ob es denn angesichts der existentiellen Herausforderungen seiner Zeit nichts Wichtigeres zu tun gegeben habe, als »fromme Verse zu schmieden«, hätte der Dichter unserer wohl bekanntesten Kirchenlieder gewiß mit »Nein« geantwortet.

Im Gegenteil, in dieser Zeit größter leiblicher Not, geistigen Verderbens und des Erstaunens, daß der Mensch zu allem – Bösen – fähig ist, sollte das »Doppelgebot der Liebe« unüberhörbar werden. So trat ein bis heute nahezu unbeachteter Dichter an die Seite Paul Gerhardts (obwohl sie sich vielleicht gegenseitig nie »zur Kenntnis nahmen«): Friedrich von Logau (1604–1655).

Durch einen Begriff aber hat sich dieser Dichter »unsterblich« gemacht, durch den »Mantel der (christlichen) Nächstenliebe«. Hören wir ihm einfach einmal zu:

»Nenne mir den weiten Mantel,
darunter alles sich verstecket:
Liebe tut's,
die alle Mängel gerne hüllet und fleißig decket.«

(»Deutscher Sinn-Gedichte Drey Tausend«, 1614, II. Tausend, 4. Hundert, Nr. 14)

Und:

»Liebe kaufte neulich Tuch,
ihren Mantel zu erstrecken.
Weil sie, was auch durch dreißig Jahr Krieg verübt,
soll alles decken.«

(..., II. Tausend, 9. Hundert, Nr. 35)

Nicht nur »...und deinen Nächsten wie dich selbst« schwingt in diesen Versen Friedrich von Logaus mit, sondern eben auch der 12. Vers im 10. Kapitel der Sprüche Salomonis »...Liebe deckt zu alle Übertretungen«.

»Vor allen Dingen aber habt untereinander eine inbrünstige Liebe; denn die Liebe deckt auch der Sünden Menge.« So mahnt auch der 1. Petrusbrief (4,8). Friedrich von Logau hat für diese Mahnung das wohl einprägsamste Bild geschaffen, das – alles – bedeckende, einhüllende und schützende Kleidungsstück, den Mantel.

Er greift damit auch mittelalterliches Denken auf. Während der Trauung mußten sich uneheliche Kinder der Braut – um ihnen den Makel ihrer Herkunft zu nehmen – unter ihrem Mantel verbergen. Heinrich von Ofterdingen habe sich – so erzählt die Sage vom Wartburg-Krieg – unter den Mantel der Landgräfin Sophie geflüchtet. Mit Erfolg. Für die Richter westfälischer Gerichte galt die Vorschrift: »Sie sollen Mäntelein auf ihren Schultern haben.«

Die Begründung folgt sofort in dieser Vorschrift: »Diese bedeuten die warme Liebe, recht zu richten, die sie haben sollen, denn so wie der Mantel alle anderen Kleider und den Leib bedecket, also soll ihre Liebe die Gerechtigkeit bedecken. Sie sollen auch die Mäntel auf den Schultern haben, damit sie dem Guten Liebe beweisen wie der Vater dem Kinde.«

In einer Zeit – unserer Zeit –, die an einer Inflation der Worte, der

Wortbildungen, vor allem aber der Wortneuschöpfungen, ja der »Worthülsen«, und gleichzeitig an einem Mangel an orientierenden Symbolen leidet, sollten wir uns getrost auf das Entdecken, das Wiederentdecken, solcher – alter – Symbole, wie den »Mantel der (christlichen) Nächstenliebe« einlassen. Seine Einprägsamkeit ist wohl nicht zu überbieten, ebenso nicht wie die Verse Paul Gerhardts.

Vielleicht sind wir bereit, von Friedrich von Logau zu lernen, daß der »Mantel der Nächstenliebe« kein Freibrief für Vertuschungsmechanismen für »große und kleine Schwächen« ist, sondern das unverwechselbare Bild für die am Nächsten praktizierte Gottesliebe.

Und … falls Sie, lieber Leser, wie ich, nicht Theologe sind, darf ich Ihnen den für mich verständlichsten Begriff für das Verhältnis von Gottesliebe und Nächstenliebe anbieten: Dualität. Das Eine ist ohne das Andere nicht denkbar. Das Eine ist durch das Andere erfahrbar. Das Eine existiert nur, wo es das Andere gibt. Konkret heißt das wohl, den »Mantel der Nächstenliebe« ausbreiten zu können, ist ohne die Liebe zu Gott nicht denkbar, nicht erfahrbar … und ohne die Liebe zu Gott verliert er seine schützende und beschützende Funktion, der so oft zitierte »Mantel der Nächstenliebe«.

»… wie dich selbst«. Friedrich von Logau, den fast keiner kennt, hat diese Mahnung durch »seinen Mantel« unüberhörbar gemacht. Hoffentlich auch für uns.

Morgens und abends zu lesen

Der, den ich liebe
Hat mir gesagt
Daß er mich braucht.
Darum
Gebe ich auf mich acht
Sehe auf meinen Weg und
Fürchte von jedem Regentropfen
Daß er mich erschlagen könnte.
Bertolt Brecht

Jo Krummacher

Nur ein Körnchen Salz und Stäubchen Ambra?

Liebe zwischen Nippes und Nietzsche

I

»Feinden vergeben und Gegner gern haben, Böses mit Gutem vergelten ist übermenschlich, wenn es nicht einen höheren Grund gibt und eine tiefere geistige Motivation.« Verpackt wie Lindt-Pralinen, eine rote Rose auf dem Cover, präsentiert sich der Bildband »Liebe wirkt täglich Wunder« aus einem kirchlich orientierten Verlag. Der Klappentext preist den Autor: »Seine Worte sind wie ein Strahl der Sonne und wie ein Stück Brot für einen neuen Anfang.« Gottes- und Nächstenliebe marketinggerecht serviert. Wer sie kauft und verschenkt, liegt immer richtig, eckt nirgendwo an. Nächstenliebe – kein Reizwort. Gottesliebe – es muß ja wohl einen höheren Grund geben. Nippes mit Goldrand.

Alternativ verpackt liest es sich in einem Bändchen mit dem Untertitel »Verschenktexte« so: »Wir brauchten wenig, wenn wir Liebe hätten. Nicht die Liebe, die wir mit Ringen und roten Rosen auszudrücken meinen. Nein. Liebe, die sich überträgt, ohne Worte, wie ein Lächeln im Wind.« Säuselnd und sanft tastet Liebe sich an den Leser heran, summt heimlich die Melodie des Hohenliedes aus dem 1. Korintherbrief, um in der Banalität der Pop- und Posterwelt zu verwehen. Anstelle von Pralinen und Porzellan Stricknadeln und Steingut.

Die Rede von der Liebe zu Gott und der Liebe zum Nächsten wirkt nicht selten peinlich. Auch dann, wenn der Ursprung der Liebe zur Sprache kommt, begegnen Worte wie Softeis: »Aber siehe, es widerfährt dem Hause Heil. Christus, der belebende Tau, geht ein in die öde Steppe. Nun komm und siehe, welche Umwandlung! Die Herrlichkeit des Herrn erfüllt das Haus! Wie heilig ist diese Stätte worden! Verdrängt ist der alte, eigensüchtige Sinn der Welt, und der stille Geist der Demut und der Liebe ist an seine Stelle getreten, und der Wandel ist im Himmel; verdrängt ist das irdische Getreibe, und den Gedanken, Wünschen und Begierden sind Flügel gewachsen zum Aufflug...« (1828) – »Es weht ein neuer Geist über die Welt. Ein Geist der Liebe. Niemand kann ihn aufhalten. Er dringt durch Türen und Fenster, durchdringt alle Mauern und verändert die Menschen und die Dinge...« (1980)

II

Zuviel Honigseim verursacht Magenverstimmung. Der Sohn und Enkel lutherischer Pfarrer, Friedrich Nietzsche, hat sich gegen die Überfütterung mit dem Manna der Liebe entschieden zur Wehr gesetzt. Seine ätzende Kritik verdient Beachtung, soll die Rede von der Gottes- und Nächstenliebe auch heute noch treffen.

»Den Menschen zu lieben *um Gottes willen* – das war bis jetzt das vornehmste und entlegenste Gefühl, das unter Menschen erreicht worden ist. Daß die Liebe zum Menschen ohne irgend eine heiligende Hinterabsicht eine Dummheit und Tierheit *mehr* ist, daß der Hang zu dieser Menschenliebe erst von einem höheren Hange sein Maß, seine Freiheit, sein Körnchen Salz und Stäubchen Ambra zu bekommen hat – welcher Mensch es auch war, der dies zuerst empfunden und erlebt hat, wie sehr auch seine Zunge gestolpert haben mag, als sie versuchte, solch eine Zartheit auszudrücken, er bleibe uns in alle Zeiten heilig und verehrenswert, als der Mensch, der am höchsten bisher geflogen und am schönsten sich verirrt hat!« (F. Nietzsche, Jenseits von Gut und Böse, III 60)

Nietzsche stellt die Selbstverständlichkeit christlicher Rede von der Gottes- und Menschenliebe in Frage. Wie könnt ihr so ohne Umschweife darin übereinstimmen, daß die Liebe zu den Menschen zum höchsten Wert des Menschseins deklariert wird? Schaut an, wie die Menschen – auch die Christen – tatsächlich leben, wie sie miteinander umspringen, wie ganz andere Motive und Antriebe ihr Handeln und Reden steuern!

III

Läßt sich bei genauerem Hinsehen nicht sogar dort, wo wir Liebe zu erkennen meinen, am Ende nur der schwächliche Versuch entdekken, den Haß gegen die eigene ungeliebte Person zu vertuschen? »Ich sehe an vielen Menschen eine überschüssige Kraft und Lust, Funktion sein zu wollen; sie drängen sich dorthin und haben die feinste Witterung für all jene Stellen, wo gerade *sie* Funktion sein können. Dahin gehören jene Frauen, die sich in die Funktion eines Mannes verwandeln, welche gerade an ihm schwach entwickelt ist, und dergestalt zu seinem Geldbeutel oder zu seiner Politik oder zu seiner Geselligkeit werden. Solche Wesen erhalten sich selber am besten, wenn sie sich in einen fremden Organismus einfügen; gelingt es ihnen nicht, so werden sie ärgerlich, gereizt und fressen sich selber auf.« (Die Fröhliche Wissenschaft, III 119)

Wie oft in der Geschichte der »tätigen christlichen Nächstenliebe« nicht die freie menschenwürdige Tat, sondern die Mißgestalt eines sich selbst versklavenden Altruismus anzutreffen war und ist, diese Frage kann seit Nietzsche und dem ihm darin folgenden Sigmund Freud nicht mehr unter den Teppich gekehrt werden. Welches Bild von der Nächstenliebe entsteht, wenn für die Liebe Gottes zu den Menschen in einer Predigt folgende Metapher verwendet wird? »Wir sehen ja direkt eine Krankenschwester vor uns, wie sie einem Schwerkranken Stärkendes einflößt. Wie nimmt sie Rücksicht auf den Schwachen: daß er nicht die Hand zum Mund führen kann, daß ihm das Schlucken schwerfällt, daß seine Verdauung nur noch schwach arbeitet, daß er nichts Heißes mehr verträgt – und doch etwas Warmes braucht, um aus dem Abgrund der Kraftlosigkeit herauszukommen. Wie ist die Diakonisse darum bemüht, daß die stärkende Brühe nicht zu heiß, aber auch nicht zu kalt ist, daß der Kranke mit Hilfe einer Schnabeltasse die Kräftigung zu sich nehmen kann, daß die Schlucke nicht zu groß werden, daß immer wieder Pausen gemacht werden in der Nahrungszufuhr, so daß der Kranke wieder durchatmen kann...« (1987) Entspricht ein solches Bild jener Nächstenliebe, von der die Bibel Alten und Neuen Testaments spricht? Die Nähe zum Gleichnis vom barmherzigen Samariter ist unübersehbar. Doch auch die Spitze, auf die dieses Gleichnis zuläuft: *wem ich der Nächste bin*? Wird die helfende Hand der Diakonisse nicht ins Überdimensionale vergrößert, so daß der Pflegebefohlene darunter zu einem winzigen und armseligen Wurm verkümmert? Nicht, daß es das nicht gäbe: das vollkommene Angewiesensein eines Kranken oder Sterbenden auf seinen Nächsten. Wir leiden sogar darunter, daß Solidarität und Beistand in Not- und Extremsituationen zu seltenen Tugenden geworden sind. Aber darf Liebe durch christliche Rede so aufgebläht werden, daß der Hilfebedürftige dabei seine Würde zu verlieren droht, weil er ins Rampenlicht gezerrt und als Liebes- oder Mitleidsobjekt vorgeführt wird?

Die großen Hilfswerke der kirchlichen Entwicklungshilfe haben diese Zusammenhänge durchschaut: Sowohl die Aktion »Brot für die Welt« als auch die Fastenaktion »Misereor« verzichten seit langem auf die Vorführung hungernder und leidender Menschen, um Mitleid zu erzeugen. Viele Einrichtungen der Diakonie und der Caritas verfahren heutzutage ebenso. Doch die Berichterstattung in vielen Massenmedien, auch die Öffentlichkeitsarbeit zahlreicher christlicher oder weltanschaulich ungebundener Hilfswerke, greifen auf das alte Muster mitleidheischender Zurschaustellung Notleidender zurück. »Mitleid ist wesentlich eine angenehme Regung des Aneignungstriebes, beim Anblick des Schwächeren: wobei noch zu bedenken ist, daß ›stark‹ und ›schwach‹ relative Begriffe sind.« (Fröhliche Wissenschaft, III 118) Nietzsche demaskiert solche Nothelfer-Liebe; in seinen Augen ist sie nichts anderes als Tarnung sehr egoistischer Antriebe. »Ihr flüchtet zum Nächsten vor Euch selber und möchtet euch daraus eine Tugend machen; Ihr haltet es mit euch selber nicht aus und liebt euch nicht genug.« (Also sprach Zarathustra, III 5) Die vielgepredigte Selbstlosigkeit der Liebe ist es, die Nietzsche in Zweifel zieht.

IV

Wir würden es uns mit Nietzsches Einspruch und Widerspruch zu einfach machen, wollten wir ihn nur als Kritiker von Fehlformen und Verkrüppelungen religiös stimulierter Liebestätigkeit zu Wort kommen lassen. Im Zentrum seiner Kritik steht nicht ein weitverbreitetes Mißverständnis von Liebe, das man nur psychologisch aufhellen müßte, um es durchschaubar und therapiefähig zu machen. Da geht Nietzsche einen anderen Weg als der ihm auf vielfache Weise verbundene Sigmund Freud. Nietzsche verneint rundweg die Ansicht, daß Liebe zur *conditio humana* gehöre.

Liebe und Mitleid sind für ihn Ausdruck menschlicher Schwäche. Schwäche bedeutet, die Wahrheit nicht aushalten zu können. Der Starke setzt sich über das Gefängnis selbstgemachter Ressentiments hinweg, weiß seine Klauen zu gebrauchen, trägt in sich den Willen zur Macht und zur Teilhabe an der Überfülle des Lebens. Die christliche Liebesbotschaft dagegen verdünnt die Wahrheit bis zu jenem Grade, wie sie die Schwachen verfälscht nötig haben. Nietzsche nimmt eine uralte philosophische Tradition auf und reicht Heraklit die Hand zum Schwure: »Der Krieg ist der Vater aller Dinge.«

Man mag darüber streiten, ob es sinnvoll ist, philosophische oder theologische Einsichten mit der Biographie ihrer Urheber in Verbindung zu bringen. Einerseits suchen wir heute gerne glaubwürdige Erweise zu bestimmten Überzeugungen – die Kongruenz von Wort und Tat. Andererseits verwahren wir uns gegen psychologische oder biographische Interpretationen, die bestimmte Aussagen eines Menschen nur als Folge bestimmter Lebensumstände darstellen möchten. Aber läßt sich die pessimistische Einschätzung der Liebe und Liebesfähigkeit des Menschen bei Nietzsche allein als ein abstrakt-geistiger Vorgang verstehen?

Nietzsche wuchs zunächst in einem lutherischen Pfarrhaus auf; der Vater starb sehr früh an »Gehirnerweichung«, so daß der Junge den Rest seiner Kindheit als einziges männliches Wesen in einem ansonsten reinen Frauenhaushalt verbrachte. Im Jahr 1858 nahm ihn die Internatsschule Pforta auf, ein Haus strenger Disziplin – Erlebnisse vielleicht wie die des Musil'schen Zöglings Törless? Was mochte in einem Heranwachsenden vorgehen, der ständig unter dem Verdacht ererbter Schwäche stand und von dem es in den Krankenberichten des Internats hieß: »Kurzsichtig und oft von wanderndem Kopfweh geplagt. Sein Vater starb jung an Gehirnerweichung...«? Oder wenn der Deutschlehrer unter einen Hölderlin-Aufsatz Nietzsches schrieb: »Ich muß dem Verfasser doch den freundlichen Rat erteilen, sich an einen gesunderen, klareren, deutscheren Dichter zu halten«? Jahre danach dann das unglücklich verlaufende Verhältnis zu Lou Salomé, der späteren Vertrauten von Rilke und Freud. Ein Einsamer, der die Liebe als Qual erlebt. Und schließlich der Übergang in eine zerstörende Krankheit – bis hin in den Wahnsinn. Liebe als Indiz für Schwäche, nicht aber als real erfahrbare menschliche Eigenschaft oder Möglichkeit – diese pessimistische Sicht vom Menschen erscheint vor solchem Hintergrund plausibel.

Die konkret erfahrbare Abwesenheit von Liebe zum Nächsten gibt Nietzsche das Recht zu so weitreichender Kritik. Diese Kritik ist auch von Christen zunächst einmal auszuhalten und nicht vorschnell abzuweisen. Das Doppelgebot der Liebe steht dazu nicht im Widerspruch, sondern bestätigt sie. Zur Liebe wird angehalten, wem es an Liebe mangelt, nicht, wer sie zu haben und über sie zu verfügen meint.

Wo ereignet sich denn Liebe unter Menschen, die der Arbeit und der Selbstverwirklichung im Beruf hohe Priorität einräumen und damit ein Wirtschaftssystem am Leben erhalten, das den Kampf und die Konkurrenz aller gegen alle zur tatsächlichen Basis ihrer Existenz macht?

Wo bleiben Möglichkeiten zur Liebe, wenn der Kernsatz postmoderner Lebensgestaltung reduziert werden kann auf drei Wörter: »Was bringt's mir?«

Wo wirkt Liebe in einer Weltgesellschaft, die den größten Anteil des Erwirtschafteten in Waffen und Massenvernichtungsmittel investiert und diese Investition durch Wohltätigkeit tarnt?

Wo geht es um Liebe, wenn das rapide Wachstum der Menschheit aus jedem Nebenmenschen einen gefährlichen Konkurrenten um Nahrung, Arbeit, Wohnung, Energie und Rohstoffe werden läßt?

Wo sind Spuren der Liebe in einer luxuriös eingerichteten ersten Welt, deren Reichtum auf dem Unrecht an den Armen und Verelendeten in der dritten Welt basiert?

Wo geschieht Liebe in wirklicher Nähe zum konkreten Menschen, der den anderen gerade braucht?

Fragen, die auf die Abwesenheit von Liebe deuten. Vor der Kritik an Nietzsche muß Nietzsches Urteil über den Menschen als liebloses und tierhaftes Wesen ernst genommen werden.

V

Wenn Liebe nicht zur *conditio humana* gehört, muß ihre metaphysische Begründung durch die Religion als etwas sehr Außergewöhnliches, als etwas Heiliges angesehen werden. Da das Christentum von einer Liebe predigt, die dem Menschen nicht innewohnt, vielmehr »von oben« auf ihn zukommt, spricht es für Nietzsche zumindest die Wahrheit über die Lieblosigkeit des menschlichen Wesens aus. Daß es ein solches »Von Oben« in Nietzsches Philosophie nicht gibt, daß es in seinen Augen nichts weiter als ein großartiger Irrtum ist, das ist die Kehrseite der Medaille. Nietzsches Wertschätzung der metaphysisch begründeten (und doch nur von Menschen erdachten) Liebe findet in der »Fröhlichen Wissenschaft«, trotz beißender Ironie, deutlichen Widerhall: »Der Mensch ist durch seine Irrtümer erzogen worden: er sah sich erstens immer nur unvollständig, zweitens legte er sich Eigenschaften bei, drittens fühlte er sich in einer falschen Rangordnung zu Tier und Natur, viertens erfand er immer neue Gütertafeln und nahm sie eine Zeitlang als ewig und unbedingt, so daß bald dieser bald jener menschliche Trieb und Zustand an der ersten Stelle stand und infolge dieser Schätzung veredelt wurde. Rechnet man die Wirkung dieser vier Irrtümer weg, so hat man auch Humanität, Menschlichkeit und ›Menschenwürde‹ hinweggerechnet.« (III 115)

Letzten Endes stieß und rieb sich Nietzsche an der (damals weithin üblichen) Predigt von einem Gott, der Glauben einfordert, um zu lieben, an der Predigt von einem Jesus, der die Sünde groß macht, um sein Erbarmen desto großartiger zu erweisen: »Wie? Ein Gott, der die Menschen liebt, vorausgesetzt daß sie an ihn glauben, und der fürchterliche Blicke und Drohungen gegen den schleudert, der nicht an diese Liebe glaubt! Wie? Eine verklausulierte Liebe als die Empfindung eines allmächtigen Gottes! Eine Liebe, die nicht einmal über das Gefühl der Ehre und der gereizten Rachsucht Herr geworden ist! Wie orientalisch ist das alles! ›Wenn ich dich liebe, was geht's dich an?‹ – ist schon eine ausreichende Kritik des ganzen Christentums.« (Fröhliche Wissenschaft, III 141) Und: »Der Stifter des Christentums meinte, an nichts litten die Menschen so sehr als an ihren Sünden – es war sein Irrtum, der Irrtum dessen, der sich ohne Sünde fühlte, dem es hierin an Erfahrung gebrach! So füllte sich seine Seele mit jenem wundervollen, phantastischen Erbarmen, das einer Not galt, welche selbst bei seinem Volke, dem Erfinder der Sünde, selten eine große Not war! – Aber die Christen haben es verstanden, ihrem Meister nachträglich Recht zu schaffen und seinen Irrtum zur ›Wahrheit‹ zu heiligen.« (ebda., III 138) Nietzsche geht mit einem auf bekannte Weise sündenverliebten Christentum ins Gericht, dessen abgründige Selbstbezogenheit ihn anwidert und abstößt. Die drei letzten Aphorismen im 3. Buch der »Fröhlichen Wissenschaft« zeigen, wo der Stachel sitzt, wider den er löckt: »Wen nennst du schlecht? – Den, der immer beschämen will.« (III 273) »Was ist das Menschlichste? – Jemandem Scham ersparen.« (III 274) »Was ist das Siegel der erreichten Freiheit? – Sich nicht mehr vor sich selber schämen.« (III 275)

Letzten Endes bleibt auch bei Nietzsche eine seltsame Hochschätzung der Liebe zu beobachten, die im Widerspruch zu all seinen Schmähungen der Liebe als einer Schwäche des Menschen zu stehen scheint. Jemandem Scham zu ersparen – wohl auch und gerade dann, wenn es Grund dazu gäbe – ist Ausdruck einer Haltung, die auf Liebe aus ist. Wer sich intensiver mit Nietzsche beschäftigt, bemerkt ohnedies, wie der Kritiker der Nächstenliebe und Moral zwar die Klingen gegen die Liebe wetzt, jedoch einen Ausweg freihält in eine der Spielarten der Liebe: in die Freundschaft. »Es gibt wohl hier und da auf Erden eine Art Fortsetzung der Liebe, bei der jenes habsüchtige Verlangen zweier Personen nacheinander einer neuen Begierde und Habsucht, einem *gemeinsamen* höheren Durste nach einem über ihnen stehenden Ideale gewichen ist: aber wer kennt diese Liebe? Wer hat sie erlebt? Ihr rechter Name ist *Freundschaft.*« (Fröhliche Wissenschaft, I 14) Freundschaft, die Liebesegoismus aufhebt in eine höhere Form von Gemeinschaft, von konkreter menschlicher Gemeinschaft, ist der Ort, an dem Liebe ohne Entstellung in Freiheit möglich bleibt. »Nicht den Nächsten lehre ich euch, sondern den Freund.« (Also sprach Zarathustra, I 16)

Wenn Liebe nicht zur *conditio humana* gehört, die Begründung der Liebe im Metaphysischen aber ebenso als Irrtum des Menschen abzuweisen ist, so bleibt doch Freundschaft als mögliche und frei zu wählende – seltene – Möglichkeit menschlicher Existenz. Der partnerschaftliche Charakter, den Liebe in der Weise der Freundschaft ermöglicht, ohne die Würde des Nebenmenschen anzutasten, ja der die darin Verbundenen gegenseitig erzieht und fortschreitend über ihren vorläufigen Status menschlicher Begrenztheit hinausführt, bringt Nietzsche in eine Nähe zum Bergprediger, die den Kritiker des Christentums in gewisser Hinsicht zum Interpreten des Jesus der Evangelien werden läßt.

VI

Freundschaft im Sinne Nietzsches erscheint als frei gewählte Partnerschaft hochgesonnener, starker Menschen. Das Bild einer aristokratischen Elite, wie sie die Jüngerschaft des Sokrates, die platonische Akademie und den aristotelischen Peripatos auszeichnet, scheint ihm vorzuschweben, deren seelische Größe es erlaubt, zum höchsten Glück, zur Wahrheit, vorzudringen. Doch verbindet er damit die Überzeugung, daß diese Macht zur menschlichen Selbstverwirklichung an Krankheit, Mangel und Ressentiments scheitern muß, es sei denn, es komme – eher exklusiv – zum »Gelingen einzelner Fälle an den verschiedensten Stellen der Erde und aus den verschiedensten Kulturen heraus, mit denen in der Tat sich ein *höherer Typus* darstellt: etwas, das im Verhältnis zur Gesamt-Menschheit eine Art Übermensch ist.« (Der Antichrist 3)

Zunächst muß dazu die Einladung des biblischen Jesus – Manifestation dessen, was Liebe im neutestamentlichen Sinn meint – als schärfster Kontrast erscheinen: »Kommt her zu mir alle, die ihr mühselig und beladen seid; ich will euch erquicken.« (Mt 11,28) Einmal richtet sich diese Einladung an die tatsächlich Schwachen,

Ohnmächtigen, Versklavten; zum anderen ergeht der *Heilandsruf* universell; alle sind eingeladen. Schließlich weist Jesus keinen Weg zu einer wie auch immer gearteten Selbstverwirklichung, sondern bindet die Erquickung an die eigene Person.

Auf den zweiten Blick jedoch fällt auf, daß die *konkrete Nähe von Person zu Person* in dem Satz Jesu ebenso zur Voraussetzung des Glücks wird wie in der von dem Verfasser des »Antichristen« erstrebten (ihm freilich beinahe lebenslänglich versagt gebliebenen) Freundschaft. Während es der Jesus-Bewegung gelingt, diese Nähe von Person zu Person nicht nur in einer Jüngerschaft, sondern darüber weit hinaus als eine soziale Realität bis in unsere Gegenwart zeichenhaft umzusetzen, bleibt der sächsische Privatgelehrte mit seiner aristokratischen und bourgeoisen Eliteschwärmerei »ein Pastor ohne Kanzel« (Walter Jens), der nur mit Worten, Büchern, nicht aber mit Menschen Umgang hat. Nietzsches Distanz zu den Menschen ist Produkt kleinbürgerlicher Zurückgezogenheit, einer Enge, in der Nippes und Allmachtswahn nah beieinander hausen. »Alle persönlichen Vertrauensbeziehungen schalten wir allmählich aus, ziehen einen unsichtbaren Zaun um uns, den wir nur zur objektiven Wortverkündigung verlassen, und leben unserer Familie.« Diese Schilderung des Milieus eines protestantischen Pfarrhauses aus dem 19. Jahrhundert kann Licht auf das vergebliche Suchen des Pastorensohnes Nietzsche nach ebenbürtiger personaler Nähe werfen.

»Ihr habt gehört, daß gesagt ist: Du sollst deinen Nächsten lieben und deinen Feind hassen. Ich aber sage euch: Liebet eure Feinde.« (Mt 5,43 f) In »Also sprach Zarathustra« persifliert Nietzsche diesen Satz: »Höher als die Liebe zum Nächsten ist die Liebe zum Fernsten und Künftigen... Die Zukunft und das Fernste sei dir die Ursache deines Heute: in deinem Freunde sollst du den Übermenschen als deine Ursache lieben. Meine Brüder, zur Nächstenliebe rate ich euch nicht: ich rate euch zur Fernsten-Liebe.« (I 16)

Gerade hier aber trifft Nietzsche den Geist der Bergpredigt. Die Seligpreisungen (Mt 5) sprechen den entfremdeten Menschen eine Zukunft zu, die das Heute einholt und zur Aktion befreit. Sie bleiben nicht im Gefängnis einer »Sklavenmoral«, sondern werden herausgerufen, Salz der Erde und Licht der Welt zu sein, eine Stadt, hoch auf dem Berg, die keinem verborgen bleibt. Die Schwachen dürfen stark sein, die Fernen und Entfernten dürfen Nähe und Solidarität leben, die Zukunft wird aus dem Gefängnis der Jenseitigkeit in die Gegenwart eingeholt. Salz, Licht und Stadt auf dem Berg –

Metaphern, die durchaus elitären Charakter besitzen! Nur fehlt ihnen der exklusive Zug, das Erhabene einer aristokratischen Akademie von Übermenschen. Es sind Metaphern, die jeden einladen: »Bittet, so wird euch gegeben, klopfet an, so wird euch aufgetan.« Die Nähe Gottes, die sich in solcher Gemeinschaft der Nahen abbildet, gibt kein Recht zur Thronbesteigung und Selbstvergötterung, aber sie führt auch nicht in eine peinlich-devote Selbsterniedrigung. Sie führt in die Freiheit, anderen nahe zu sein – ohne den scheelen Blick nach oben. Die Liebe, von der der Bergprediger spricht, greift weit nach unten, aber sie biedert sich nicht bis zur Penetranz an: »Ihr sollt eure Perlen nicht vor die Säue werfen, damit die sie nicht zertreten mit ihren Füßen und sich umwenden und euch zerreißen.« (Mt 7,6) Sie kann auch in Zorn umschlagen, gerade dann, wenn Demut zum demonstrativ-frommen Habitus wird: »Weh euch, ihr Heuchler, die ihr seid wie die übertünchten Gräber, die von außen hübsch aussehen, aber innen sind sie voller Totengebeine und lauter Unrat. So auch ihr: von außen scheint ihr fromm, aber innen seid ihr voller Heuchelei und Unrecht.«

VII

Der Glauben an den Gott der Liebe wird zur Karikatur, wenn man ihn als bloßes Fürwahrhalten von Worten göttlicher Herkunft über die Liebe begreift. Diese in der protestantischen Theologie nicht selten anzutreffende Tendenz abstrakter Wortgläubigkeit (der sich Luther übrigens lebhaft widersetzt hat) mag Nietzsche mit zu seiner Polemik gegen das Christentum animiert haben. Glauben als ein Zutrauen in die gemeinschaftsstiftende Nähe des verborgenen Gottes, der konkret Liebe zum nahen Fernen und fernen Nahen ermöglicht, wird im Sinne des Bergpredigers jedoch zu mehr als einem allein in der Abkapselung des Herzens stattfindenden Geschehen, wird zu einem sozialen Geschehen und sozialen Prozeß, der nach einer sehr einfachen, keineswegs nur Christen bekannten Regel verläuft: »Alles nun, was ihr wollt, daß euch die Leute tun sollen, das tut ihnen auch!« (Mt 7,12) Es ist ein Prozeß, in dem Menschen zu Freunden werden. Es ist der Prozeß des menschenfreundlichen Gottes.

Literaturhinweise

Friedrich Nietzsche, Werke in drei Bänden, Die Bibliothek deutscher Klassiker, Bd. 58–60, Harenberg-Kommunikation 1982 (die Quellenhinweise im Text bezeichnen nicht Seiten, sondern die Nummern der Aphorismen).

Über Nietzsche: Walter Kaufmann, Nietzsche. Philosoph – Psychologe – Antichrist, Wissenschaftliche Buchgesellschaft, Darmstadt 1982; Walter Jens, Der Rhetor Friedrich Nietzsche, in: Republikanische Reden, Kindler Verlag München, 2. Aufl. 1976, S. 101 ff.; Klaus Podak, Pfarrhaus und Philosophie oder der Untergang des Absoluten, in: Martin Greiffenhagen (Hrsg.), Das evangelische Pfarrhaus. Eine Kultur- und Sozialgeschichte, Kreuz-Verlag, Stuttgart 1984, S. 311 ff.; Wolfgang Marhold, Die soziale Stellung des Pfarrers, ebda., S. 175 ff.

Predigt- und Literaturbeispiele: Phil Bosmans, Liebe wirkt täglich Wunder, Herder Verlag, Freiburg im Brsg. 1980; Kristiane Allert-Wybranietz, Trotz alledem. Verschenktexte, Lucy Körner Verlag, Fellbach, 14. Aufl. 1983; Friedr. Wilh. Krummacher, Blicke ins Reich der Gnade. Sammlung evangelischer Predigten, (1. Aufl. 1828), Neukirchen 1898; »Lebendige Gemeinde«, Heft 2/87, S. 10ff.

Da alles Leben unaufhaltsam seinem Ende zufließt, da sollen wir es, solange wir leben, mit den uns eigenen Farben der Liebe und der Hoffnung malen. Ist dieser Traum möglich? Ja, in der Kunst sowie im Leben ist alles möglich, wenn es auf Liebe beruht.

Marc Chagall

Man soll alle Menschen gleicherweise lieben. Aber obgleich man allen nützen kann, muß man sich in erster Linie um die kümmern, die einem nach Ort, Zeit und sonstigen Umständen enger, gleichsam durch das Los verbunden sind. Angenommen, du hättest etwas reichlich, wovon du dem abgeben solltest, der nichts hat, aber es wäre zu wenig für zwei. Nun würden dir zwei begegnen, von denen keiner bedürftiger oder enger mit dir verwandt wäre als der andere. Dann könntest du nicht gerechter verfahren als durch das Los zu wählen, wem du das geben sollst, was du nicht beiden geben kannst. So ist es auch – da du nicht allen Menschen helfen kannst – als Los anzusehen, wie eng ein Mensch mit dir in dieser Zeitlichkeit verbunden ist.

Augustinus, De Doctrina Christiana I,28

Roland Mörchen
Albert Camus – Nächenstenliebe und Revolte

Gespräch für drei Stimmen

Für Monika Walter

1. Stimme: »Ich habe Leute gesehen, die mit großem moralischem Aufwand Böses taten, und ich stelle täglich fest, daß die Anständigkeit keiner Gebote bedarf.« (Der Mythos von Sisyphos)

2. Stimme: Immer wieder sind wir Menschen so sehr anfällig für ein narzißtisches Gralshütertum, das mit seinen keinen Schutz mehr bietenden Geboten und Gesetzen einer selbstverständlichen Nächstenliebe unerbittlich das Grab schaufelt.

1. Stimme: »Ich diene dem Gesetz nicht wegen seines Inhalts«, sagt der Richter in Albert Camus' Drama »Der Belagerungszustand«, »sondern weil es das Gesetz ist.« Diego schöpft augenblicklich Verdacht: »Und wenn das Gesetz Verbrechen ist?« Des Richters Antwort: »Wenn das Verbrechen Gesetz wird, hört es auf, Verbrechen zu sein.«

2. Stimme: Schon ist das Entsetzliche geschehen, der Scheiterhaufen errichtet.

1. Stimme: »Das Verhängnis des Gläubigen ist die Begegnung mit seiner Kirche, uns zum Nachteil, denn von nun an wird er nie wieder *vom Grunde her* brüderlich sein.«

3. Stimme: Der Dichter René Char spricht damit gewiß auch im Namen des Freundes Albert Camus. Ich denke etwa an eine vortreffliche Äußerung in »Der Fall«:

1. Stimme: »Ich sage Ihnen, die Religionen gehen von dem Augenblick an fehl, da sie Moral predigen und Gebote schleudern.«

2. Stimme: Vor solcher Gebotsschleuder bewahrt uns, wenn wir es beherzigen, eines der schönsten Worte Camus':

1. Stimme: »Grundsatz: zuerst nach dem suchen, was jeder Mensch an Wertvollem in sich trägt.« (Tagebücher)

3. Stimme: Hier spricht Camus' Güte, die ich an ihm so bewundere, seine Ehrlichkeit, die es auf sich nahm, selbstgerechten Parteigängern in Kirche und Politik ein Ärgernis zu sein.

1. Stimme: »Ich glaube nicht an ein Jenseits, wo wir ›Rechenschaft ablegen‹ müssen. Denn wir müssen schon im Diesseits Rechenschaft ablegen – all denen, die wir lieben.« (Tagebücher)

2. Stimme: Camus wählt wie Odysseus die Sterblichkeit, nicht weil sie Heil verspräche, sondern weil diese Wahl voreilige Rechtfertigungen des Leidens als unzumutbar entlarvt. Camus lebt in Theben und in Rama. Als Bruder Niobes und Rahels weint er mit ihnen um ihre erschlagenen Kinder.

(Pause)

1. Stimme: »Aber zusehen, wie der Sinn des Lebens aufgelöst wird, wie unsere Daseinsberechtigung verschwindet, das ist unerträglich. Man kann nicht leben, wenn das Leben keinen Sinn hat.« (Caligula)

2. Stimme: Von hier aus geht es geradewegs zur gewissenhaft jeder ideologischen Heilslehre widersprechenden Revolte, die angesichts einer vom Leiden heimgesuchten Schöpfung das Elend zu verringern trachtet. Albert Camus leiht seine Stimme den »Stummen«, den Leidenden und Unterdrückten, den im Namen religiöser und politischer Trugbilder Verdammten. Steht solche Revolte nicht Seite an Seite mit einem prometheischen Element auch des Christlichen?

3. Stimme: Leider aber spricht das Christentum nicht selten eine andere Sprache.

1. Stimme: »So viele Menschen entbehren der Gnade. Wie können wir ohne die Gnade leben? Wir müssen uns wohl oder übel darein schicken und tun, was das Christentum nie getan hat: uns der Verdammten annehmen.« (Tagebücher)

2. Stimme: Camus steht dem Festianus aus Günter Eichs Hörspiel »Festianus, Märtyrer« nahe. Dieser wendet sich von der himmlischen Herrlichkeit ab, weil sie – dafür ist er Zeuge – der Liebe nicht bedarf. Albert Camus, Märtyrer. Er tritt ein für den Schrei Iwan Karamasows, der eine oft gnadenlose, nur an geistlosen Buchstaben interessierte Christenheit aus ihrem nahezu zweitausendjährigen Schlaf zu reißen sucht:

1. Stimme: »Wenn sie nicht alle gerettet sind, wozu dann das Heil eines einzigen!« (Der Mensch in der Revolte)

2. Stimme: Die Kirche, die Christenheit, so hören wir Kaliajew im Drama »Die Gerechten« enttäuscht versichern, »hat die Gnade für sich behalten und es uns überlassen, Nächstenliebe zu üben«. Kaliajew widerspricht der Ansicht, außer in Gott gäbe es keine Liebe, mit den Worten:

1. Stimme: »Doch. Die Liebe zur Kreatur.«

2. Stimme: Man kann gewiß gelassen erklären, daß sich beide Äußerungen nicht ausschließen, und damit zur Tagesordnung übergehen. Aber liebt Kaliajew die Kreatur nicht gegen einen Gott, der seine Geschöpfe leiden und sterben läßt?

3. Stimme: Es glückt uns leider so selten, das zärtliche Paradox zu hüten: daß nämlich unser Erzählen von Gott immer *wesentlich* ein Schweigen sei. Wir glauben oft zu viel und darum zu wenig.

2. Stimme: »Ich empöre mich, also sind wir«: den Nächsten lieben wie sich selbst. Dazu gehört in einem dem Sterben überantworteten Dasein das Bemühen, mit dem Tod im reinen zu sein. Kaiser Caligula hingegen, der im Angesicht des hereinbrechenden Todes Heimtücke und Willkür als trügerischen Ausweg aus erfahrener Sinnlosigkeit wählt, fordert sich selbst zum erbarmungslosen Zweikampf. Am Ende steht der Selbsthaß, die gründlich versäumte Einwilligung in die »zärtliche Gleichgültigkeit der Welt«.

1. Stimme: »Kein Mensch kann sagen, was er ist. Doch vermag er manchmal zu sagen, was er nicht ist.« (Das Rätsel)

2. Stimme: Sich selbst zu lieben (ohne in heilloser Selbstbezogenheit zu erstarren), ist vielleicht der mühsame Versuch, seiner eigenen inneren Fremde in besonnener Weise eingedenk zu bleiben.

3. Stimme: Ich, der ich mich nie ganz kenne…

1. Stimme: …»sich ganz kennen, heißt sterben« (Tagebücher)…

3. Stimme: …muß mit mir selbst und mit dem Leben im reinen sein: eine Aufgabe, die zeitlebens besteht.

1. Stimme: »Weshalb zeigen Sie selbst so viel Aufopferung, wenn Sie doch nicht an Gott glauben?«

2. Stimme: …heißt es in »Die Pest«. Unglaube bedeutet für Camus nicht, einen neutralen Standort beziehen zu können, der es ihm erlaubte, die Frage nach Gott endgültig zu beantworten. Camus' Unglaube entspringt dem Protest gegen eine Schöpfung, in der Kinder gemartert werden. Diese Revolte füllte Albert Camus' Herz, seine lebendige Nächstenliebe aus. Darum mit dem Stempel ›Atheist‹ versehen zu werden, lehnte er, der nicht an Gott glaubte, gleichwohl »Sinn für das Heilige« hatte, freiheraus ab. Im übrigen sollten wir niemals vergessen, daß Camus uns Sisyphos als einen glücklichen Menschen vorstellte!

3. Stimme: Mir fällt dabei ein Satz aus Ludwig Wittgensteins Tagebuch ein: »Wer glücklich ist, der darf keine Furcht haben. Auch nicht vor dem Tode.« – Kann übrigens für uns Camus' Empörung nicht auch Teil eines Glaubens sein, der das Sprechen von Gott immer wieder neu befragt und Gott gerade darum die Ehre gibt? Der Lieblosigkeit in jeder Hinsicht entschlossen zu entsagen, heißt: die Sonne über unserem Zorn nicht untergehen lassen. Albert Camus gelang dies, indem er Hymnen auf Sonne und Meer sang. Die Revolte weiß immer um das Maß.

(Pause)

1. Stimme: »Es ist deine Pflicht, dich meiner anzunehmen!«

2. Stimme: ... ruft der Bettler dem fliehenden Priester im Drama »Der Belagerungszustand« nach. Ob die Flucht am Ende noch etwas Gutes an sich hat? Vielleicht tanzte der Priester doch nur um ein aus Geboten gegossenes goldenes Kalb und wüßte nicht, daß Anständigkeit, daß ursprüngliche Nächstenliebe des Evangeliums nicht auf die Pflicht bloßer Gebotserfüllung aus ist. Aber haben wir auch mit dem Priester Erbarmen!

1. Stimme: »Wenn ich hier eine Morallehre schreiben müßte, würde das Buch hundert Seiten umfassen, und davon wären 99 leer. Auf die letzte würde ich schreiben: ›Ich kenne nur eine einzige Pflicht, das ist die Pflicht, zu lieben.‹« (Tagebücher)

2. Stimme: Und im Vorwort zu seinen Essays »Licht und Schatten« schreibt Camus:

1. Stimme: »Seine Grundsätze muß man für die großen Gelegenheiten sparen, für die kleinen genügt das Erbarmen.«

2. Stimme: Ehrlich wie er war, bekannte er dabei, daß er an diesem selbstgewählten Leitspruch immer wieder scheiterte.

3. Stimme: Es ist Albert Camus' liebenswürdige Aufrichtigkeit, die mich veranlaßt, endlich einmal wieder vor der eigenen Haustüre zu kehren.

1. Stimme: »Vor allen Dingen sollen wir nicht verzweifeln. Hören wir nicht auf jene, die mit dem Weltuntergang drohen.« (Die Mandelbäume)

Der, der von seiner Angst spricht, der schon ahnt, wie vergeblich er aufbegehrt und doch hat aufbegehren müssen, geht uns an. Immer wieder. Denn immer wieder wird niemand hinhören wollen...

Ingeborg Drewitz

Wenn ich nicht für mich bin, wer sollte dann für mich sein? Und wenn ich nur für mich bin, was bin ich dann? Und wenn nicht jetzt, wann dann?

Rabbi Hillel

Gerhard Begrich
Du sollst lieben von ganzem Herzen

Elisabeth: Die Heilige der Liebe

Die Liebe verändert alles: Die Augen, mit denen wir die Welt sehen; das Herz, mit dem wir die Welt wahrnehmen; die Seele, in der wir die Welt fühlen. Die Liebe macht die Welt schön. Wege und Straßen, Felder und Wiesen, Ebenen, endlose Weiten zu Träumen, Berge und das Meer werden uns zu Brüdern, die unsere Geschichten kennen. Die Landschaft tritt ins Haus wie ein Freund, der mit uns das Geheimnis teilt. Wer liebt, muß mehr leiden. Denn der Schmerz des Geliebten ist auch sein Weh. Der Liebende weint die Tränen der Schöpfung. Wer Gott liebt und in Ihm die Welt und den Menschen, lebt anders. Manchmal sogar wunderlich...

So wie die kleine Elisabeth. Alle Kinder spielen. Mit Hingabe und Feuereifer. Nichts gibt es im Augenblick des Spielens anderes als eben dieses. Auf einmal, ganz und gar unvermittelt, nicht durchschaubar oder verstehbar für die anderen Kinder, hört Elisabeth auf. Sie bricht das Spiel ab vor seiner Vollendung. So wie Bach seine Kunst der Fuge vor Gottes Thron abbricht. Wir können es nicht zuende bringen. Unser Tun ist Stückwerk. Überall ist nur Beginnen. Wenn Gott seine Vollendung nicht gibt, bleibt alles ein Torso. Die Musik, das Leben, das Spielen. Weiß das dieses Kind?

Elisabeth hört auf, bisweilen, Gott zulieb.

Die schönste Zeit gehört Ihm. Darum.

Die anderen schütteln den Kopf. Sind erstaunt. Lächeln mitleidig. Auch herablassend und schadenfroh. Dieses Unverstehen wird Elisabeth begleiten.

Ein Leben lang.

Sie fühlt ganz. Sie liebt aus der Tiefe ihrer Seele. Sie teilt ihr Herz nicht ein. Diesem ein wenig und jenem. Nein. Sie liebt mit Herz, Leib, Seele und Händen. Gott. Den Gekreuzigten. Die Welt. Und ihren Mann.

Der sah es. Wenn sie nachts still aufstand. Die Decke zurückschlug, sich auf den nackten Fußboden legte. Mit großen Augen sah er sie an. Sorge lag in seinem Blick, Angst auch – ob sie verrückt sei –

und die Liebe seines Herzens. Ludwig liebte seine Frau. Was sie tat, tat ihm weh.

Um Christi willen, sagte sie. Unser Herr hatte kein Himmelbett. Seine geringsten Brüder auch nicht. Uns gehört nur die Erde. Die Steine unter uns. Und der Himmel darüber.

Die anderen schüttelten den Kopf. Es kam ein Entsetzen über sie. Selbst das Lachen erstarb in ihrer Kehle.

Diese Frau liebt.

Ihren Mann. Christus. Die Hungernden.

Ihnen gibt sie alles. Öffnet alle Truhen und Speicher, verteilt Geld, Schmuck und Edelsteine.

Korn, Most und Brot.

Nun gibt es in Eisenach leere Kassen. Aber zum erstenmal ein zufriedenes Volk. Mancher flüstert des Nachts den Namen der Fürsorge und singt am Morgen ihr Lied: Elisabeth. Sie ist die Nothelferin.

Am Hof aber bleibt es diesmal nicht beim Kopfschütteln. Sie ist ja schließlich kein Kind mehr, sondern Gräfin auf der Wartburg. Da geht man nicht unter das gemeine Volk, streichelt keinem Gassenjungen das Haar, gibt einer alten Mutter keinen Kuß, umarmt die Bettler an den Straßenrändern nicht, da verschenkt man weder Brot noch Wolle – da lebt man nicht mehr. Eine Gräfin hat eine Puppe des Hofes zu sein. Elisabeth nicht. Die liebt. Wer liebt, ist anders. Sie setzt sich ans Spinnrad. Was sie spinnt, verschenkt sie. Den Armen. Natürlich. Zu kleiden Christus in ihnen...

Dem wollen sie einen Schlußstrich ziehen. Damit soll es aus sein. Die Beamten sind für die alte angestammte Ordnung. Das sind Beamte immer. Also für ihr Recht und ihre Vorteile. Das nennen sie Ruhe. Wir kennen das: die erste Bürgerpflicht.

So beschweren sie sich beim Grafen.

Aber Ludwig liebt. Darum ist er anders. Solange sie mir meine Burg nicht verschenkt – damit jagt er die Höflinge aus dem Saal. Und speist gegen die Etikette mit seiner Gemahlin an einem Tisch. Einmal hätte es beinah auch ihm die Sprache verschlagen. Die Liebe nicht.

Und das kam so:

Ludwig ritt aus. Mehrere Tage. Als er nach Hause kam, war sein Ehebett besetzt. Darin lag ein Mann. Der war krank und hatte den Aussatz. Elisabeth hatte diesen armen Kranken von der Straße mitgebracht. Um ihn besser und allezeit pflegen zu können, legte sie ihn in das Bett ihres Ehegemahls. Die Höflinge flüsterten diesem zu:

Dein Bett ist schon besetzt, besetzt, besetzt ... es hallte in Ludwigs Kopf und durch die Gänge der Burg. Der Graf riß die Tür auf – und sah: den gekreuzigten Christus in seinem Bett. Der geringste Bruder – unser Herr.

Wer liebt, ist anders.

Ludwig umarmt Elisabeth. Beide lobsingen ihrem Gott.

Die anderen schütteln den Kopf.

Weil ihr Herz blind ist, sehen sie in den Armen dieser Erde den Gekreuzigten nicht.

Diesem zur Ehre geht Ludwig auf Kreuzfahrt. Er stirbt an einer Seuche. Irgendwo. Unterwegs.

»Nun ist mir alle Welt tot« – schreit Elisabeth und irrt durch die Burg.

Nun ist sie allein mit ihrer Liebe. Allein mit ihrem Gott.

Sie ist irre geworden – sagten die anderen. Jetzt verschenkt sie schon ihre Kleider und ihren privaten Schmuck. Schenkte alles den Armen, trug selbst ein braunes Kleid aus schwerem Sackstoff. Darin liegt die Farbe der Erde, sagte sie lächelnd.

Die anderen schüttelten den Kopf.

Untersteh dich, Schwägerin, sagte der neue Graf. Heinrich Raspe. Laß das Geld im Haus und das Korn im Trog. Ich warne dich. Bleib zu Haus.

Nach solcher Strafrede aber trifft er Elisabeth mit einem Korb in der Stadt. Sie wollte Brot, Butter und Wein in den Häusern verteilen. Nimm das Tuch weg, schrie der Graf außer sich. Und tut es selbst – der Korb ist voller Rosen. Marias Mantel lag schützend über Elisabeth. Die Rosen blühen ...

Behüte meinen Sohn, Elisabeth, in den geringsten Brüdern ...

Nun hat sie Maria in die Welt gerufen.

Sie geht.

Mit ihrem Vermögen feiert sie einen Tag und eine Nacht mit den Armen der Stadt. Am Abend saßen sie gemeinsam um das Feuer – darin brennt immer das Osterfeuer der Auferstehung – und sangen. Glück in den Augen.

»Seht ihr, ich habe es immer gesagt, man muß die Menschen nur froh machen.«

Und dies geschieht durch Liebe.

Mit dem Rest ihres Geldes zog sie nach Marburg und ließ dort ein Hospital erbauen. Sie diente darin mit Liebe und Hingabe, mit Demut und Heiterkeit im Kleid der Töchter des Dritten Ordens des Franziskus. Liebe verbindet über Grenzen und Zeiten hinweg.

Wer liebt, lebt anders.
Mit Menschen.
Und mit Tieren.
Diese dankten es ihr.

Als Elisabeth zum Sterben kam, sangen die Vögel sie in das Paradies. Als die Totenmesse in der Kirche begann, setzte sich ein riesiger Schwarm bunter Vögel auf dem Kirchendach nieder. Sie sangen und jubilierten, als freuten sie sich: Ein liebendes Herz hat Platz für viele Vögel...

Die es sahen, schüttelten den Kopf.
Nur die Liebenden hören die Engel singen.

Die sechs bzw. sieben Werke christlicher Barmherzigkeit

Nach Jesu Rede vom Weltgericht (Mt 25,31–46) spricht die Kirche bis zum Mittelalter von *sechs* Werken der Barmherzigkeit: 1. Hungernde speisen. 2. Durstige tränken. 3. Fremde aufnehmen. 4. Nackte bekleiden. 5. Kranke besuchen. 6. Gefangene erlösen. Im Anschluß an Tobit 12,12 (»Als du die Toten begrubst, war ich ebenfalls dir zur Seite.«) tritt dann im Mittelalter als *siebtes* Werk hinzu: Tote bestatten. Grund dafür ist sicherlich mittelalterliche Zahlensymbolik: Die Sieben als Sabbatzahl erinnert an die Ruhe Gottes. Interessant der Hinweis aus der Kirchengeschichte: Zum Missionserfolg der frühen Christenheit habe u. a. die Praxis der ersten Gemeinden beigetragen, allen Toten – auch den Sklaven – ein ehrenvolles Begräbnis zu bereiten. Solche Sorge gab es in der römischen Zeit sonst nur noch in den jüdischen Synagogen-Gemeinden. – In Entsprechung zu den sieben materiellen Werken der Barmherzigkeit spricht die Kirche auch von den *sieben geistigen Werken der Barmherzigkeit:* 1. Sünder zurechtweisen. 2. Unwissende lehren. 3. Zweifelnden recht raten. 4. Betrübte trösten. 5. Unrecht geduldig leiden. 6. Beleidigern gern verzeihen. 7. Für die Lebenden und Toten Gott bitten.

Ingrid Weng

Schwester Taube – Bruder Wolf

Erinnerung an Franz von Assisi

Natürlich, vieles ist Legende. Doch klingt aus allen Lebensbeschreibungen und Berichten über Franz von Assisi der *cantus firmus* von der Liebe zu den Tieren als unseren Nächsten – oder vom Menschen als dem Nächsten der Tierwelt. Während weder von Dominikus noch von Waldes eine einzige Tiergeschichte überliefert ist, sprudeln die Quellen der franziskanischen Tradition überreich. Tiere begegnen uns da als Geschwister der Menschen, denen die Zuwendung des liebenden Menschen ebenso gelten soll wie dem Kranken oder dem Schwachen. Tier und Mensch verdanken ihr Dasein einem gemeinsamen universalen Lebensstrom. Selbst die Gestirne und die vier antiken Elemente, aus denen die Welt sich zusammensetzt, also die gesamte Natur, sind in das geschwisterliche Verhältnis zum Menschen mit einbezogen. Der biblisch-paradiesische Ursprung ist bei Franz mehr als ein Kapitel aus der Vorgeschichte; er ist Gegenwart dem, der die umgebende Natur mit Augen der Liebe ansieht.

Befinden sich Tiere in Not oder Lebensgefahr, so erfahren sie bei Franz die gleiche Aufmerksamkeit wie jener, der auf dem Weg von Jerusalem nach Jericho unter die Räuber gefallen und schließlich in die gute Obhut des Samariters gekommen ist. Franz liest Würmer vom Weg auf, damit keiner sie zertritt. Er baut Nester für die Vögel. Lämmer, die man zum Schlachten führt, kauft er frei. Im Winter sorgt er sich um die Bienen und nährt sie mit süßem Wein und Honig. Gefangenen Hasen und Fischen schenkt er die Freiheit zurück. Bekannt auch sein Wunsch, der Kaiser möge durch Gesetz den Fang von Lerchen verbieten. Sein Mitgefühl gilt friedlichen Tieren wie Hasen, Tauben oder Lämmern. Umgekehrt verflucht er ein Schwein, das gerade ein neugeborenes Lamm gefressen hat. Mit Vögeln und anderen Tieren teilen die Ordensbrüder ihre bescheidenen Mahlzeiten. Manche Tiere, so wird erzählt, haben die Nähe von Franz nicht mehr verlassen wollen; er muß sie nach einiger Zeit gegen ihr Sträuben wegtragen.

Die Legende berichtet, wie in der Gegend von Gubbio ein

schrecklich wilder Wolf sein Unwesen treibt, nicht nur Tiere, sondern auch Menschen anfällt und auffrißt. Die Bewohner der Stadt verlassen ihre Häuser nur noch bis an die Zähne bewaffnet oder verkriechen sich hinter der Stadtmauer. Franz entschließt sich, den Verängstigten beizustehen, und macht sich dahin auf, wo der Wolf haust. Tatsächlich wittert das Ungeheuer den schutzlos Nahenden und rast mit aufgesperrtem Rachen auf Franz zu. Doch der schlägt über ihm das Kreuz, ruft ihn zu sich und redet mit ihm: »Komm her, Bruder Wolf! Ich gebiete dir im Namen Christi, nie mehr Böses zu tun, weder mir noch irgendeinem anderen!«

Kaum hat der Wolf das Kreuzeszeichen erkannt, schließt er den Rachen, folgt dem Befehl und legt sich sanftmütig zu Füßen des Mönchs nieder. Franz redet ihm zu: »Bruder Wolf, du hast in dieser Gegend böses Unheil angerichtet. Du hast Gottes Geschöpfe gegen seinen Willen getötet. Und wie du Tiere angefallen und aufgefressen hast, so hast du auch Menschen getötet, die im Ebenbild Gottes geschaffen sind. Deshalb verdienst du wie jeder schuldige Mörder den Tod durch den Strick. Alle Welt klagt dich an, und jeder ist dir feind. Ich aber, Bruder Wolf, will Frieden stiften zwischen dir und den anderen. Du sollst ihnen in Zukunft nie mehr schaden. Sie aber werden dir deine Schuld vergeben, und weder Mensch noch Tier wird dich künftig verfolgen.«

Der Wolf aber, kaum hat er diese Worte vernommen, wedelt mit dem Schweif und neigt den Kopf, um sein Einverständnis zu zeigen. »Weil du in unseren Friedensschluß einwilligst, will ich dafür sorgen, daß dir die Männer der Stadt zu fressen geben, was du brauchst«, fährt Franziskus fort: »Ich weiß wohl: Du hast das alles nur angerichtet, weil du Hunger hattest. Aber ich will dein feierliches Versprechen, daß du nie mehr Mensch oder Tier Schaden zufügst.« Und der Wolf hebt seine Pfote, legt sie freundlich in die Hand des Heiligen und tut seinen Schwur.

Gehorsam und sanft wie ein Lamm begleitet der Wolf nun Franz in die Stadt, wo sie vor allem Volk den Pakt wiederholen. Fortan lebt der Wolf in Gubbio, bewegt sich frei in der Stadt, ohne irgendwem mehr ein Leid zuzufügen. Die Bewohner füttern ihn; kein Hund bellt hinter ihm her. Zwei Jahre danach stirbt der Wolf an Altersschwäche – sehr zur Trauer aller Bürger, die von der anstekkenden Sanftmut des Tieres gelernt haben.

Nicht nur dem Wolf von Gubbio, vielen Tieren und sogar Pflanzen predigt der Mann aus Assisi. In seiner berühmten Vogelpredigt erklärt er den herbeigeflogenen Mitgeschöpfen, wieviel Anlaß zum

Dank gegen den Schöpfer sie haben. – Seine Liebe zur Kreatur geht so weit, daß er darum bittet, die Wurzeln eines umgehauenen Baumes zu erhalten, damit dieser wieder von neuem ausschlagen könne.

Ein Hinweis allerdings ist unumgänglich: Die Liebe des Franz von Assisi zu Tieren und Pflanzen geschieht nicht auf Kosten seiner Liebe zu den Menschen. Der merkwürdige Kontrast, der sich zuweilen bei Tierliebhabern beobachten läßt, daß sie nämlich ihren Mitmenschen nicht die gleiche Aufmerksamkeit und Zuwendung schenken wie dem Tier, findet bei Franz von Assisi keinen Anhalt. Tiere streicheln und Kinder schlagen, gegen Tierversuche protestieren und auf den Lärm von Kindern gereizt reagieren, Vogelfutter streuen und den Bettler davonjagen – das heißt für Franz, die Gottabbildlichkeit der Schöpfung gegen die Gottebenbildlichkeit des Menschen ausspielen. Gerade aber um diesen Einklang von Abbild und Ebenbild geht es dem Mann von Assisi.

Sind Tiere, Pflanzen und alle Geschöpfe Gottes Geschwister des Menschen, so ist auch der Bruder der Menschen, Christus, Bruder der Kreatur. So ist sein Sterben *für uns* auch ein Sterben *für die Kreatur*. Franz von Assisi deutet uns den Zusammenhang von dem »ängstlichen Harren der Kreatur auf das Offenbarwerden der Kinder Gottes« (Röm 8,19) und dem Gebot, die Gottesliebe in der Nächstenliebe zu bewähren. In dieser Hinsicht ist er lange, viel zu lange, ein einsamer Heiliger geblieben. Daß Nächstenliebe den Nahen *und* den Fernen zukommen soll, daß Liebe auch in der Gestaltung überpersönlicher Strukturen Ausdruck finden will, gehört heute zum Standard christlicher Ethik. Daß sie aber vor der Kreatur nicht halt machen darf, daß sie sich dort ebenso geschwisterlich zu bewähren hat, daß sie in die Ökologie dieser Welt die künftige Ökologie Gottes einzutragen hat, diese Einsicht verdanken wir der einmalig-verwegenen Lebenssensibilität des Franz von Assisi. Natürlich, vieles ist Legende. Die aber haben wir bitter nötig.

Selbst im Bösesten von uns steckt etwas Gutes, selbst im Besten etwas Böses. Haben wir das erst entdeckt, so hassen wir unsere Feinde nicht mehr so leicht. Wenn wir unter die Oberfläche seiner bösen Tat schauen, so entdecken wir in unserem Feind auch ein Stück Güte.

Martin Luther King

Axel Denecke

»Aber die Liebe ist die größte unter ihnen.« Ist sie es?

Nicht mehr als ein Annäherungsversuch an die Einzigartigkeit und Vielgestaltigkeit der christlichen Liebe

I

»Nun aber bleiben Glaube, Hoffnung, Liebe, diese drei. Aber die Liebe ist die größte unter ihnen« (1. Kor 13,13), so ist bei Paulus zu lesen als ›krönender Abschluß‹ seines Hohenliedes der Liebe. Daß die Liebe tatsächlich die größte (das Größte) – größer als Glaube und Hoffnung – sei, ist immer wieder skeptisch bezweifelt und euphorisch beschworen worden.

Skeptisch hinterfragt: Denn »Liebe« gerate sehr schnell in einen vagen und diffusen Gefühlsbereich hinein und sei in diesem emotionalen Sumpf nicht mehr zu greifen, entziehe sich jeder Festlegbarkeit: Liebe – Liebesgefühl – Liebelei – Verliebtheit. »Nenn's Herz, Glück, Liebe, Gott, ich habe keinen Namen dafür. Gefühl ist alles...«. Auch all die klugen Differenzierungen zwischen Liebe als ›agape‹, ›eros‹, ›sexus‹ und ›philia‹ – freundlich zuhandene, aus der antiken Tradition uns zugeeignete Begriffe – könnten keine Entwirrung schaffen, seien eher ein Ausdruck dafür, daß sich hinter die »Liebe« in ihrer Verschwommenheit jeder und jedes verstecken könnte. Wer das Wort Liebe in den Mund nimmt, der nimmt den Mund immer zu voll und weiß nicht, wovon er redet. Und die in der Antike bereits begründete Sprachverwirrnis sei nur Reflex der Verwirrung der Menschen, »Liebe« – was immer es sei – im alltäglichen Leben wirklich realisieren zu können.

Ist dies alles nur skeptische Nörgelei?

Euphorisch beschworen: In der Liebe erfüllt sich das, was wir Menschen im Umgang miteinander, mit uns selbst und mit Gott erhoffen und erglauben. Der Glaube lebt hier auf der Erde noch im Vorläufigen. Bei Gott – wenn bei Gott alles in allem ist, einst sein wird – geht Glauben über in Schauen. Doch das steht jetzt noch aus. Die Hoffnung lebt hier auf der Erde auch noch im Vorläufigen. Bei Gott – wenn bei Gott alles in allem ist, einst sein wird – geht Hoffnung über in Erfüllung. Doch das steht jetzt noch aus. Liebe dagegen – wenn sie im Jetzt gelebt wird und zur Erfüllung kommt – kann auch bei Gott nicht mehr überboten werden. Sie ist – wie das Sprichwort sagt – »der Himmel auf Erden«. Denn Größeres und Höheres als Liebe gibt es nicht. In ihr schaut die Ewigkeit bereits herein in unser irdisches Leben. Daher: Ja, es stimmt. Die Liebe ist die größte unter ihnen.

Ist dies alles nur euphorische Schwärmerei?

In der theologischen Tradition sind beide Auffassungen zu finden, wobei auffällt, daß vom Gelingen der Liebe – ja, sie ist die Größte und als solche realisiert sie sich hier auf der Erde – vor allem unter dogmatischen (christologischen) Gesichtspunkten, vom Mißlingen der Liebe – sie ist viel zu groß für uns Menschen, und wir erkennen an ihrem zu hohen Anspruch immer nur unser Versagen – vor allem unter ethischen Gesichtspunkten gesprochen wird.

II

Kein Geringerer als der als durchaus nüchterner und kritischer Theologe bekannte Karl Barth singt am Ende seiner »Kirchlichen Dogmatik« mit Emphase das Hohelied der Liebe.

Alle irdische Zweideutigkeit ist in der Liebe – von Gott uns in Jesus Christus geschenkt – überwunden. Sie ist nicht unser Werk, sondern allein Gottes Werk an uns und für uns. In ihr zeigt sich tatsächlich und ganz real das letztgültige und »größte« Ziel des Versöhnungswillens Gottes in dieser Welt. Für den stets noch vorläufig und zweideutig bleibenden Glauben (und auch für die Hoffnung) habe ein eschatologischer Vorbehalt zu gelten. Liebe dagegen ist eindeutig, ebenso eindeutig wie Gottes Liebe in Christus zu den Menschen ist. Liebe kann daher in der Ewigkeit nicht noch überboten, überhöht werden. Sie ist Angeld des Ewigen mitten in der Zeit. »Sie ⟨die Liebe⟩ ist das in der *Gegenwart* leuchtende *künftige, ewige* Licht. Sie bedarf keines ⟨künftigen⟩ Gestaltwerdens. Sie *ist* das Kontinuum.«[1] Denn in ihr ist schon alles erfüllt, in ihr sind Gott und Mensch schon vereint. Alle Differenzen sind aufgehoben, Gott und Mensch, Mensch und Mensch sind miteinander versöhnt. Identität breitet sich aus. In der Liebe leben wir Menschen im Reich der Identität, also im Reich Gottes.

Zur Veranschaulichung des Gesagten seien Auszüge aus Barths dogmatischer Predigt über die Liebe[2] selbst zitiert:

»Es überragt aber die Liebe den Glauben und die Hoffnung *in-*

nerhalb des triadischen Begriffs..., sofern eben in ihr ihr *Tat*charakter... *sichtbar* wird, in die Augen springt... Die eigentliche, jetzt zu lebende und das Feuer des letzten Gerichtes überdauernde christliche Existenz ist in ihrer *Ganzheit* Weg und Tat. Aber eben daß sie es ist, beweist sie und es wird darin erkennbar, daß sie *Liebe* ist.«[3] »In der Liebe sind Glaube und Hoffnung *tätig*, und in der Liebe geschieht das *Christliche* der christlichen Lebenstat. Darum ist die Liebe ›die größte unter ihnen‹... Das ist gewiß: daß die Liebe nimmer aufhören, das heißt, daß auch dann die Liebe als Hingabe an Gott und an den Bruder... in *unveränderter Gestalt* auch die Quelle künftigen, des ewigen Lebens sein wird. So ist sie jetzt schon des Christen *ewiges* Tun. Darum *besteht* die Liebe.«[4]

Die Liebe – dahin zielen die Gedanken Barths – bleibt nicht bei sich selbst stehen, sie macht sich auf den Weg zum anderen Menschen, sie strebt hin zur Tat. Eben darin erfüllt sich die Tat Gottes für uns in Jesus Christus, und so kann sie am Ende – sub specie aeternitatis – als menschliche Tat selbst zum Abbild dieser in Christus vorausgesetzten Tat Gottes für uns werden.

In dieser christologisch begründeten Tat-Dimension der Liebe liegt nun auch ihr ethischer Charakter begründet. Mit dem Satz »Ama et fac, quod vis« (Liebe und tu, was du willst) soll der Kirchenvater Augustin das Doppelgebot der Liebe und alle einzelnen Gebote christlicher Moraltheologie zusammengefaßt haben[5]. Dieser Satz ist in der christlichen Tradition vom Ansatz einer Gewissens- oder gar Gesinnungsethik meist als Abwehr einer das konkrete Handeln durch kasuistische Reglementierung einengenden normativen Ethik verstanden worden. Was am Ende zählt, ist nicht das Ergebnis der Tat, sondern die Gesinnung der Liebe, aus der heraus die Tat – unabhängig davon, ob sie ein »gute« oder »schlechte« Wirkung erzielt – entstanden ist. Das Motto lautet: Wenn du wirklich aus der Liebe heraus handelst – eben aus der Liebe, die Gott in Jesus Christus hat offenbar werden lassen –, dann magst du richtig oder falsch handeln – das mag die analytische Vernunft im nachhinein beurteilen –, dennoch ist deine Tat vor Gott »heilig, gerecht und gut« (Röm 7,12), weil sie aus der Liebe heraus geschehen ist. Ihr wohnt in ihrer Echtheit eine Innerlichkeit und Individualität inne, die sie letztlich jeder Überprüfung und Beurteilung von außen entzieht. Sie ist das Letzte und Letztgültige, ja, sie hat den Charakter des Absoluten in sich und kann daher in ihrer Echtheit und inneren Wahrhaftigkeit nicht mehr beurteilt oder gar kasuistisch normiert werden.

In diesem Sinne sei noch einmal Barth zitiert:

»Ama et fac quod vis! Liebst du christlich, so kannst und wirst du darin *nicht* sündigen. Nur wenn du nicht oder eben nicht christlich liebst, kannst du sündigen, wirst du freilich ganz bestimmt sündigen. Wer christlich liebt, den kann das Gesetz nicht verklagen, der bleibt hinter seiner Forderung nicht zurück, der erfüllt es. Denn von seiner reinen, ganzen Hingabe in der Liebe ist nicht zu trennen, mit ihr ist Eines das reine, ganze Empfangen der Rechtfertigung allein durch den Glauben.«[6]

In der Tat der Liebe nimmt das Ewige (der ewige Gott) und das Absolute (Gottes bedingungslose Zuwendung zu den Menschen) Gestalt an, jenseits irdischer Rechtfertigung und Ausweisbarkeit.

III

Dies ist ein Rückzug in die Bastion formaler Unangreifbarkeit, Unbedingtheit, Unausweisbarkeit, dies ist eschatologische Schwärmerei eines Seins in Gott (»Gott ist die Liebe, und wer in der Liebe bleibt, der bleibt in Gott und Gott in ihm.« 1. Joh 4,16), die die real existierende Christlichkeit überspringt und den wahren Problemen unseres Lebens ausweicht, so lautet die Kritik an dieser Position. Zudem läßt sich mit dem Satz: »Was aus Liebe getan ist, das ist vor Gott gerecht und gut« alles und jedes rechtfertigen. Der in seinem innersten Kern unausweisbare und damit auch unnachprüfbare Satz: »Ich hab es ja nur aus Liebe (zu dir) getan«, kann in seinem Totalitätsanspruch auch totalitär mißbraucht werden, und so ist er auch oft mißbraucht worden bis in das banalste Alltagshandeln hinein. Denn so banal wie z. B. der weit verbreitete alltägliche Erziehungsgrundsatz: »Wer sein Kind liebt, der züchtigt es«, oft sogar noch überhöht durch den Satz: »Wen Gott liebt, den züchtigt er«, als Rechtfertigung für menschenverachtendes Handeln ist, so banal und weit verbreitet ist der Mißbrauch einer sich so in die Burg der Unausweisbarkeit zurückziehenden »Liebes-Gesinnung« auch im Großen. Kriege sind mit dieser Rechtfertigung geführt, und Kinder sind zerstört worden.

Die Berufung auf den Namen[7], gar die Liebe Gottes, der wir dienen, ist schon immer gefährlich gewesen. Und je anspruchsvoller, universaler, totaler von der Liebe gesprochen wird, um so totalitärere Folgen kann dies haben.

»Liebe und tu, was du willst«, das wird so zu einer unangreifbaren Festung kommunikationsverweigernder Innerlichkeit, wobei unter der sprachlichen Schöngeisterei von »Liebe« Haß und Menschenverachtung gesät werden, ja oft gesät worden sind. »Liebe und tu, was du willst!« Weil der vorausgesetzte Imperativ »Liebe!« sich jeder Ausweisbarkeit entzieht, sind auch die Folgen des Tuns unabsehbar.

Das ist der Grund, warum gegen jeden ethischen Perfektionismus, gegen jede Schwärmerei von Gottesunmittelbarkeit und Vorwegnahme noch ausstehender Identität in der Geschichte der christlichen Ethik von Anfang an versucht wurde, zu unterscheiden zwischen dem unbedingten, aber auch unanschaulich und formal bleibenden Grundgebot der Liebe und ihren auf Nachvollziehbarkeit und auch Nachprüfbarkeit hinzielenden konkreten Erscheinungsformen im alltäglichen Umgang miteinander. Die interesseleitende Frage lautet: Wie können wir uns vor einem Mißbrauch der »Liebe« in ihrer umfassenden, aber unanschaulich bleibenden Grundgestalt schützen und den großen, ja für uns zu großen Begriff »Liebe« in kleine Gebrauchsmünzen für den Alltag einwechseln?

Steht der griechische Begriff der ›agape‹ für das christliche Grundmodell der Liebe (Gottes Liebestat in Jesus Christus – Angeld der Ewigkeit – Identitätsanbruch – Folge: Liebe und tu, was du willst), so stehen Begriffe wie ›philia‹, ›eros‹ und ›sexus‹ für konkrete Erscheinungsformen der Liebe im Alltag unserer Welt. Dabei hat zu gelten: Die Liebe in ihrer universalen, von Gott in Christus vorausgesetzten Grundgestalt (›agape‹) strebt hin zur konkreten Tat im liebenden mitmenschlichen Umgang im Alltag unserer Welt. Die Wahrhaftigkeit und Echtheit der universalen, ja ewigen – darin aber auch gerade in ihrem Kern unausweisbaren, ganz im Innersten des Menschen und seiner Gottesbeziehung beheimateten – Liebe zeigt sich in ihrer Bereitschaft und Fähigkeit, eben nicht bei sich in der festen Trutzburg der Innerlichkeit zu verharren, sondern sich zu entäußern und in den ganz mittelmäßigen, ganz und gar nicht universalen und Identität verheißenden Alltag der Welt einzutauchen. So wird die Liebe konkret und faßbar in ihrer begrenzten, vorläufigen, zweideutig bleibenden Form als ›sexus‹, ›eros‹ und ›philia‹. Liebe als ›agape‹ bleibt nicht bei sich, sondern entäußert sich (in Analogie zu Phil 2,6ff.) in unsere Welt hinein. Die Liebe in ihren konkreten Erscheinungsformen als ›sexus‹, ›eros‹ und ›philia‹ erfährt jedoch ihre Begründung und das Siegel der Glaubwürdigkeit im Rückzug auf die in der Tat unnachprüfbare, unbedingte, unverrechenbare von Gott in Christus vorausgesetze Liebe als ›agape‹, an der wir im Glauben partizipieren. Anders ausgedrückt: Aus dem Vordersatz: »Liebe und tu, was du willst!« folgt der Nachsatz: »Nun tu auch wirklich das, was aus deinem Glauben heraus im Geiste Christi gut und hilfreich ist, damit die Liebe Christi im Miteinander der Menschen Gestalt annehmen kann.«

Wie dies geschehen kann, dazu ist eine weit sich verzweigende, phantasievoll den Alltag der Welt so konkret wie möglich in den Blick nehmende, vernunftmäßige Prüfung der »Strukturen unserer Welt« nötig. Differenzierte Wahrnehmung der Wirklichkeit ist gefordert. Die genannten, aus der Antike bis heute hin tradierten konkreten Erscheinungsformen der »Liebe« können erste Annäherungswerte für die differenzierte Wahrnehmung von Wirklichkeit anbieten.

Liebe als *›sexus‹* steht dabei – in ihrer Rückbindung an die vorausgesetzte ›agape‹ – für den »leiblichen« Bereich der Liebe, sowohl in seiner individuellen wie sozialen Gestalt. Die Erscheinungsform der Liebe als ›sexus‹ ist verankert in der sie begründeten ›agape‹. So ist sie »heilig, gerecht und gut«. Und noch konkreter: Zur ›agape‹ im Vollsinn gehört auch ihre ›sexuelle‹ Gestalt.

Liebe als *›eros‹* steht dabei – wieder in ihrer Rückbindung an die vorausgesetzte ›agape‹ – für den »seelischen« Bereich der Liebe, vorwiegend in seiner individuellen Gestalt.

Liebe als *›philia‹* steht für den im geläufigen Sinne »zwischenmenschlichen« Bereich der Liebe, für ihre »Sozialgestalt« im Sinne dessen, was wir gemeinhin mit »Nächstenliebe« bezeichnen.[8] Und auch hier hat zu gelten: »Heilig, gerecht und gut« ist die Nächstenliebe als ›philia‹ nur in ihrer Rückbindung an die ihr vorausgesetzte ›agape‹.

Gerade hier wäre nun des Näheren weiter zu differenzieren, um »Selbstliebe« (»... deinen Nächsten lieben wie dich selbst«), »Nächstenliebe« und »Gottesliebe« (vgl. das Doppelgebot der Liebe nach Mt 22,37.39) in der ›philia‹ aufeinander zu beziehen[9]. In allen drei Gestalten der »Liebe« wird jedoch – das ist Verheißung und Anspruch zugleich – von den konkreten und damit auch endlichen, zeitlich begrenzten, nachprüfbaren und zweideutig bleibenden Erscheinungsformen der *einen* Liebe gesprochen, von der Paulus sagt, sie sei – horribile dictu! – Angeld der Ewigkeit Gottes bereits im Hier und Jetzt!

IV

»Sie ist die größte unter ihnen.« Dies bleibt bestehen. Als Zusage und Anstoß zugleich. Wie sollte es anders sein, wenn wir es wagen, mitten in dieser vorläufigen und zweideutigen Welt-Wirklichkeit (und jeder von uns hat sein konkretes Versagen und Verzagen am immer wieder viel zu hohen Anspruch der Liebe vor Augen) von der Liebe zu reden, die in der Tat die göttliche, ewige Wirklichkeit in unserem Leben zur Erscheinung bringt. In dem Menschen Jesus Christus – so glauben die Christen, so glauben wir Christen – hat sie Gestalt angenommen. In ihm ist Liebe nicht nur ein Begriff, sondern eine Tat; nicht nur Verheißung, sondern Erfüllung; nicht unanschaulich geblieben, sondern zur Anschauung gebracht; nicht nur ein vages Gefühl, sondern ein sichtbar uns vor Augen gestelltes Geschehen. Und wir ahnen, daß wir in seiner Tradition stehen, oder besser: in sie hineingestellt sind, wenn Liebe sich tatsächlich unter uns im leiblichen und seelischen Umgang mit uns selbst und im sozialen Umgang mit Menschen neben uns, fern und nah, ereignet. Wir ahnen es bloß, denn fassen und greifen können wir es nicht, weil all unsere leiblichen, seelischen und geistigen Organe nicht ausreichen, um die Liebe – Angeld des Ewigen in der Zeit, der Wirklichkeit Gottes in einer nichtgöttlichen Welt – wirklich fassen und aufnehmen zu können. Doch immerhin ahnen wir es, denn es gibt Erfahrungen in unserem Leben, in denen sich diese Liebe – bis in den ›sexus‹, ›eros‹, ›philia‹ hinein – im zwischenmenschlichen Umgang realisiert hat; nicht daß wir's ergriffen hätten, wir sind ergriffen worden; nicht daß wir's festhalten und für ewig betrachten könnten, es war aber – siehe hier, siehe dort – da, ja, es war gewiß da, so können wir im nachhinein sagen. Dies sind »Sternstunden« oder »Spurenelemente Gottes« oder »ein Aufblitzen von Gottes Gegenwart«, wie immer wir es auch nennen. Daß es Liebe gibt, wirklich gibt, zwischen Mensch und Mensch, zwischen Völkern und Rassen, in mir als Individuum selbst, daß ich mich liebe, daß ich andere Menschen liebe, das ist – so läßt sich ohne Hochmut, ja gerade in Demut sagen – ein »Beweis« für die »Existenz« Gottes! Eben weil hier die Ewigkeit – ohne daß wir's herbeizwingen oder berechnen oder festhalten und auf den Begriff bringen können – hineinbricht in unser Leben. Wenn Kant einst sagte: »Daß ein Gott sei, das beweist der biblische Theolog daraus, daß er in der Bibel geredet hat«, so ist dieser allgemeine Satz in seiner durchaus nicht ironisch verstandenen Intention [10] noch viel massiver und damit konkreter zuzuspitzen: »Daß ein Gott sei, das beweist der christliche Theolog und der gläubige Christ daraus, daß Liebe unter Menschen tatsächlich Gestalt annimmt.«

Jesus, in dessen Tradition christliche Theologie und gläubige Christen stehen, hat dies – seine jüdische Tradition wohl im Kopf und im Herz – so zusammengefaßt: »Du sollst den Herrn, deinen Gott, lieben von ganzem Herzen, von ganzer Seele, von allen Kräften und von ganzem Gemüt und deinen Nächsten wie dich selbst.« Augustin sagte es in seiner Tradition so: »Liebe und tu, was du willst.« Karl Barth brachte es auf den dogmatischen Begriff: »Die Liebe ist das in die Gegenwart hineinleuchtende ewige Licht. Sie bedarf (im Eschaton) keines Gestaltwandels. Sie ist das Kontinuum.« Paulus, der oft als so spröde, gar lebens- und liebesfeindlich (1. Kor 7!) empfundene Paulus, hat es – die Tradition Jesu im Rükken, die ihm nachfolgende christliche Tradition inspirierend – für sich so zugespitzt: »Nun aber bleiben Glaube, Hoffnung, Liebe, diese drei. Aber die Liebe ist die größte unter ihnen.« Ja, sie ist die größte, weil sich in ihr Gott und Mensch, Ewigkeit und Zeit, Vergangenes und Zukünftiges berühren, mehr noch, miteinander einen Bund eingehen und sich vermählen. Und was Gott zusammengefügt hat, das soll der Mensch nicht scheiden.

Und manchmal denke ich: Ach, wenn ich doch glauben, ja schauen könnte, daß Gott es wirklich zusammengefügt hat. Und in der Liebe glaube, ja schaue ich es wirklich.

Anmerkungen

1 K. Barth, Kirchliche Dogmatik IV, 2, S. 953

2 In diesem Zusammenhang ist auch daran zu erinnern, daß K. Barth als Thema für seine akademische Abschiedsvorlesung im Jahre 1962 im Rahmen der »Einführung in die evangelische Theologie« bewußt das Thema »Die Liebe« gewählt hat. Vgl. dazu K. Barth, Einführung in die evangelische Theologie, Zürich 1962, S. 10 und S. 213 ff (abgedruckt als letzter Beitrag in diesem Band).

3 K. Barth, KD IV, 2, S. 830

4 ebd., S. 953

5 Der Satz Augustins wird immer wieder zitiert, ohne daß sich in seinem Werk eine verläßliche Quelle dafür finden läßt. Mag hier auch der Wunsch nach einer präzisen, ja zugespitzten Formulierung der Vater dieser Augustin zugewiesenen Sentenz sein, mag also offen bleiben, ob Augustin diesen Satz so oder ähnlich (»dilige et fac quod vis« lautet eine andere lateinische Version) gesagt hat, dem Sinne nach wird Augustins ethische Grundposition damit durchaus getroffen, wenn man seine allgemeine Reflexion über ›amor dei‹ – ›amor sui‹ (vgl. das Doppelgebot der Liebe) und seine speziellen Aussagen

z. B. über das Problem »Wahrheit – Notlüge – Liebe« (vgl. dazu A. Denecke, Wahrhaftigkeit – Eine evangelische Kasuistik, Göttingen 1971, S. 167ff.) vor Augen hat.

6 K. Barth, KD IV, 2, S. 831

7 Vgl. dazu meinen Artikel über »Variationen zum Dritten Gebot« in dieser Reihe »Die 10 Gebote« Bd. 3, Stuttgart 1986, S. 32-38

8 H. van Oyen hat in seiner Evangelischen Ethik, Bd. 1, Basel 1952, S. 115 ff. in feinfühliger Weise zwischen ›agape‹ als Grundgestalt jeder Liebe und ›philia‹ als sozialer Erscheinungsform der Liebe unterschieden. Van Oyen wendet sich gegen die »Überforderung der Möglichkeiten des Menschen« durch einen zu hohen Anspruch der ›agape‹ in dieser »Weltzeit, die an sich nur (eine) gebrochene Form (der Liebe) kennt«. Das führe zu »Perfektionismus« und »Verkrampfung« und mache die ›agape‹ zu einem »teuflischen Gesetz«. Gegen jede gesetzliche Vereinseitigung der Liebe als ›agape‹ muß bewußt die ›philia‹ als »Gestalt der Mitmenschlichkeit« und »Ordnung des Zusammenlebens« gestellt werden. In ihr wird die vereinseitigte ›agape‹ aus »nebulösen Fernen« geholt und »auf ihre realen Daseinsformen« hin orientiert. Die ›philia‹ hat ihr Betätigungsfeld im Raum des »Wir«, im Raum des »Kompromisses« zwischen Mensch und Mensch mit unterschiedlichen Auffassungen.

9 Vgl. dazu insgesamt A. Denecke, Wahrhaftigkeit – Eine evangelische Kasuistik, a. a. O., S. 79ff.

10 Vgl. dazu K. Barths Kant-Interpretation in: K. Barth, Die protestantische Theologie im 19. Jahrhundert, Bd. 1, Zürich 1946, S. 221 ff., bes. 258 f.

Gäbe es

Gäbe es dich
Gott der Liebe
wir lebten noch heute
im Eden
Volk an Volk
du an du

Gäb es dich nicht
o Liebesgott
wir wären nicht

nichts wäre

Rose Ausländer

Volker Sommer
Das Selbst und die anderen

Zur Biologie der Nächstenliebe

I »Wohlmeinen mit sich selbst«

»Du sollst dich selbst lieben« – dieses Gebot fehlt in der Bibel. Dem Kirchenvater Augustinus (354-430) schien das unmittelbar einsichtig: »Es braucht kein eigenes Gebot dafür, daß jeder sich und seinen Leib liebe; denn unser eigenes Ich... lieben wir schon nach dem unerschütterlichen Naturgesetz, das sogar für die Tiere erlassen ist, die ja ebenfalls sich und ihren Leib lieben.« In seinem Traktat *Über die christliche Lehre* zieht Augustinus deshalb den Schluß: »Es bedurfte daher nur eines Gebotes hinsichtlich dessen, was über uns steht« – nämlich Gott – »und dessen, was neben uns steht« – nämlich die Mitmenschen.

Dieses eine Gebot ist die neutestamentliche Verbindung der alttestamentlichen Weisungen aus Deuteronomium 6,5 und Leviticus 19,18, wie sie in einem Gespräch zwischen einem jüdischen Gesetzeslehrer und dem Rabbi Jesus vorgenommen wird: »Du sollst den Herrn, deinen Gott, lieben von ganzem Herzen, von ganzer Seele, von allen Kräften und von ganzem Gemüt, und deinen Nächsten wie dich selbst« (Lk 10,27). Augustinus erkannte allerdings an: »Doch ist mit den Worten ›Du sollst den Nächsten lieben wie dich selbst‹ zugleich auch die Selbstliebe nicht übergangen.«[1]

Akribischen Exegeten war Selbstliebe freilich etwas anderes als Eigenliebe. So wird etwa in der 1740 von dem spätbarocken Bibelgelehrten Gottfried Büchner begründeten *Hand-Konkordanz* zu dieser Textstelle ausgeführt: »Eigenliebe... ist verschieden von Selbstliebe. Diese ist das vernünftige und pflichtmäßige Wohlmeinen mit sich selbst, wo man sein eigenes wahres Bestes zu fördern und zu erhalten sucht... Dagegen ist die Eigenliebe die Herzensverdorbenheit, wo man nicht Gott als das höchste Gut, sondern sich über alles liebt, und in allem eigne Lust, eigenen Nutzen, eigne Ehre zu seinem höchsten Ziel macht.«[2]

Maßvolles »Wohlmeinen« mit sich selbst mag der Erfüllung des biblischen Doppelgebotes in zweierlei Hinsicht dienlich sein: Ein Mensch, der sich selbst nicht schätzt, wird schwerlich Gott lieben können – der ihm nach christlichem Verständnis dieses Leben schenkte –, noch wird er mit einem Defizit an Selbstliebe seine Mitmenschen lieben können.

Die Fähigkeit zum »Den Nächsten wie sich selbst lieben« gründet auf zwei Voraussetzungen: Ein Mensch muß in seinem Gehirn eine Theorie über sich selbst haben und eine Theorie über »die Welt da draußen«, in der er seinen Mitmenschen begegnet. Die Struktur der basalen Wahrnehmungsprozesse um das »Ich« und »die anderen« ist Gegenstand weitgefächerter Forschungen der Soziologie, Psychologie, Verhaltensforschung und Evolutionsbiologie.

II Das Selbst erkennen

Zu den biologischen Grundstrukturen menschlichen Verhaltens gehört nach Auffassung des Evolutionsbiologen Hubert Markl (geb. 1938) »zunächst das dringende Bedürfnis jedes Menschen, eine Vorstellung der eigenen, personalen Identität zu bilden und ihre Integrität und Autonomie zu wahren«.[3] Ein solches Konzept über die Eigenschaften und typischen Verhaltensweisen der eigenen Person – das »Selbstkonzept« – verschränkt sich bei psychisch gesunden Menschen mit einem praktikablen, handlungsbewährten Konzept über die umgebende Wirklichkeit. Dieses System erlaubt dem Menschen, Ordnung in seine Erscheinungs- und Erlebniswelt zu bringen.

Der Begriff des »Selbst« hebt auf das Wissen jedes Menschen um seine Existenz, seine Identität und seine personale Kontinuität ab. Eine entscheidende Rolle bei den Untersuchungen über die Entwicklung von Selbstkonzepten kommt Experimenten zum Selbsterkennen im Spiegel zu. Basierend auf den Ergebnissen verschiedener Versuchsreihen hat die Psychologin Sigrun-Heide Filipp zwei Stufenmodelle vorgeschlagen, von denen das eine sich auf die individuelle Entwicklung (Ontogenese) bezieht, das andere auf die stammesgeschichtliche Entwicklung (Phylogenese).[4]

Das Modell zur Ontogenese des Selbst in den ersten beiden Lebensjahren unterscheidet vier Stufen:

a) Erste Formen der Differenzierung zwischen »Ich« und »Anderer« (0-4 Monate): Keine Reaktionen auf eigenes Spiegelbild;

b) Konsolidierung der Differenzierung zwischen »Ich« und »Anderer« (4-8 Monate): Soziale Reaktionen auf eigenes Spiegelbild;

c) Auftreten erster Selbstkategorisierungen (8-12 Monate): Repetitive Aktivitäten vor dem Spiegel;

d) Konsolidierung von Selbstkategorisierungen (12-24 Monate): Zeigebewegungen, beispielsweise bei »roter Nase« auf die eigene Nase und nicht auf den Spiegel. Dieses Modell schließt einen entscheidenden Schritt in der Entwicklung des menschlichen Selbst zu Beginn des zweiten Lebensjahres ein, nämlich den Übergang vom »existenziellen Selbst« (»Ich weiß, daß ich bin«) zum »kategorialen Selbst« (»Ich weiß, wer ich bin«).

Alle Organismen benötigen zum Überleben einen internen »Weltbildapparat«, der ihnen das Zurechtfinden in der Umwelt über verschiedenste Sinneswahrnehmungen erlaubt. Beim Menschen ist aber gleichfalls das Selbst intern abgebildet. Durch Vergleiche zwischen dem Menschen und verschiedenen Tierarten läßt sich die schrittweise Entwicklung der Selbstwahrnehmung im Laufe der Phylogenese rekonstruieren.

Das Modell zur phylogenetischen Entwicklung der Fähigkeit zu visuellem Selbsterkennen umfaßt drei Stufen:

a) Visuelle Gleichsetzung (Wirbellose, Wirbeltiere außer Primaten): Das eigene Spiegelbild wird als Artgenosse angesehen und löst entsprechende soziale Reaktionen aus; Papageienfische oder Kampffische etwa greifen die vermeintlichen Gegner an.

b) Visuelle Differenzierung (viele Halbaffen und Affen): Kein Selbst-Erkennen, aber es wird bereits zwischen dem eigenen Spiegelbild und »normalen« Artgenossen unterschieden, dessen Aktionen wesentlich größeres Interesse auslösen als das eigene Konterfei.

c) Visuelles Selbsterkennen (Menschenaffen): Der Spiegel wird eingesetzt, um verdeckte Teile des eigenen Körpers sichtbar zu machen; ein farbiger Punkt auf der Nase oder der Stirn löst einen gezielten Griff nach der Nase, nicht nach dem Spiegel aus.

Um auszuschließen, daß die Menschenaffen allein über den Akt des Markierens einen Zusammenhang zwischen sich und dem Spiegel herstellen konnten, narkotisierte der Verhaltensforscher Gordon Gallup in einer Reihe von Experimenten Mitglieder verschiedener Primatenarten[5]. Während der Narkose wurde den Tieren Farbe ins Gesicht getupft oder eine kleine Stelle kahlrasiert, etwa an der Augenbraue. Nach dem Aufwachen befühlten Schimpansen und Orang-Utans gezielt diese Markierungen, sobald sie mit einem Spiegel konfrontiert wurden. Makaken oder Meerkatzen reagierten auf ihre Spiegelbilder eher wie auf fremde Artgenossen. Die Fähigkeiten der Gorillas zur visuellen Selbsterkenntnis sind nicht ganz klar. Die Gallup-Experimente verliefen negativ. Das von Francine Patterson in Kalifornien in einer Zeichensprache unterrichtete Gorillaweibchen Koko machte jedoch beim Blick in einen Spiegel die jeweiligen Zeichen für Auge, Zähne, Lippe und Pickel.[6]

Der Dichter und Ästhetiker Friedrich Theodor Vischer (1807-1887) befand, »...daß mit der Erfindung des Spiegels eine gründliche Veränderung in das Seelenleben... getreten ist: Verschärfung des Selbstbewußtseins, aber auch eitle Selbstbespiegelung und eitle Bespiegelung in andern.«[7] Genau dies – nämlich die Fähigkeit, sich in ein anderes Individuum hineinzuversetzen – ist eine weitere elementare Voraussetzung, um dem Gebot der Nächstenliebe Folge leisten zu können. Die stammesgeschichtlichen Wurzeln finden sich wiederum bei unseren nächsten Verwandten, den Mitgliedern der Säugetierordnung der Primaten.

III Sich in den Nächsten versetzen

Der Verhaltensforscher Wolfgang Wickler (geb. 1931) sieht den gangbarsten Weg zur Nächstenliebe über die Eigenliebe führen. »Freilich nicht so«, schreibt Wickler, »daß man zuerst an sich selbst denkt und dann, falls man noch Zeit und Lust hat, auch an andere, sondern so, daß man sich ständig bemüht, sich in die Rolle jedes anderen hineinzudenken, so als sollte man sie selbst übernehmen.«[8] Der theologische Blickwinkel von Kirchenvater Augustinus ist durchaus ähnlich: »Wenn man sich selbst nach seinem ganzen Wesen, das heißt nach Seele und Leib, begreift und wenn man auch den Nächsten nach seinem ganzen Wesen, das heißt nach Seele und Leib begreift..., so ist in diesen beiden Geboten nichts von all dem übergangen, das geliebt werden soll.«[9]

Die Fähigkeiten, den Nächsten »nach seinem ganzen Wesen zu begreifen« (Augustinus) oder – mit weniger Pathos – »sich an die Stelle eines anderen zu denken« (Wickler) wurden bis in die siebziger Jahre unseres Jahrhunderts hinein für typische und ausschließlich menschliche Verhaltensqualitäten gehalten. Neuere Untersuchungen erhärten jedoch die Vermutung, daß diese Fähigkeit bis zu einem gewissen Grade bereits bei nicht-menschlichen Primaten entwickelt ist.

So benutzen Menschenaffen wie das erwähnte Gorillaweibchen Koko, die in der Gestensprache für Taubstumme trainiert wurden, nicht nur überaus häufig das Zeichen für »Ich«, sondern darüber hinaus können Mitglieder einer ganzen Reihe von Primatenarten offenbar sehr differenziert die psychosoziale Situation anderer Gruppenmitglieder einschätzen und dieses Wissen antizipierend in eigenes Verhalten einbeziehen.

Der Schweizer Primatologe Hans Kummer berichtet von einem Mantelpavian-Weibchen, das sich hinter einem Felsen positionierte, so daß für den Haremshalter nur noch ihr Kopf und ihr Rücken sichtbar waren. Was der seine Weibchen überaus eifersüchtig hütende Haremshalter nicht sehen konnte: Das Weibchen pflegte mit ihren »unsichtbaren« Armen einem heranwachsenden Mantelpavian-Männchen das Fell[10].

Der Primatologe Andreas Paul analysierte in dem großen Berberaffen-Freigehege bei Salem am Bodensee ein weitaus komplizierteres Verhaltensmuster. Berberaffen-Männchen tragen über weite Strecken des Tages Säuglinge herum. Dabei bemühen sich die Männchen allerdings nicht wahllos um irgendein Baby, sondern sie entwickeln meist, ohne daß biologische Vaterschaft vorliegen muß, zu bestimmten Säuglingen – »ihren« Babies – besonders enge Babysitter-Beziehungen. Männchen interagieren selten »soziopositiv« miteinander, sie pflegen sich also beispielsweise selten gegenseitig das Fell. Die Beziehungen unter den Männchen sind nämlich recht gespannt, da sie normalerweise um Zugang zu den Weibchen konkurrieren. Die Säuglinge werden nun geradezu als »soziale Werkzeuge« eingesetzt, über die Spannungen zwischen den Interaktionspartnern abgebaut werden und die helfen, das Risiko aggressiver Eskalation zu verringern. Häufig überbringt ein Babysitter einem anderen Männchen ein Baby, und die beiden ergehen sich in einer theatralischen »Dreierzeremonie«: Das Baby wird zwischen den beiden hochgehalten, mit den Zähnen »beklappert« oder beschmatzt. Nur im Anschluß an eine solche »Dreierzeremonie« kann es dann zu einer Fellpflege-Sitzung unter Männchen kommen. Offenbar können Männchen mittels der Babies die Aggressionen anderer Geschlechtsgenossen »abpuffern«. Diese »Puffer« sind insbesondere für rangniedere Männchen nützlich, die ranghöhere beschwichtigen möchten.

Bemerkenswert ist nun, daß den Männchen überdurchschnittlich häufig »ihre« beim Babysitting bevorzugten Jungtiere überbracht werden. Andreas Paul schließt daraus, daß »die Tiere sich nicht nur persönlich kennen, sondern darüber hinaus auch um die Beziehungen anderer Gruppenmitglieder wissen... und dieses Wissen bei

Interaktionen gezielt einsetzen, indem sie Jungtiere benutzen, die durch ihre enge Beziehung zum Interaktionspartner als Beschwichtigungsobjekt beziehungsweise Auslöser freundlichen Verhaltens besonders geeignet erscheinen«.[11]

Beobachtungen des niederländischen Verhaltensforschers Frans de Waal im Schimpansengehege von Arnheim weisen darauf hin, daß diese Menschenaffen offenbar in der Lage sind, die Auswirkungen eigener Emotionen auf Gruppengenossen einzuschätzen und solche Gefühlsäußerungen durch »Signalverschleierung« gegebenenfalls zu unterdrücken. Das dominante Schimpansen-Männchen Luit wurde von Nikkie, einem anderen erwachsenen Schimpansenmann, herausgefordert. Zunächst versuchten sie einander einzuschüchtern, durch Fellsträuben, Auf-den-Boden-Schlagen, gezielte Steinwürfe und lautes Geheul. Schließlich wurde Nikkie auf einen Baum gejagt. Noch im Geäst sitzend, forderte er Luit durch erneutes Geheul heraus. Bei dieser neuerlichen Provokation entblößte Luit, der mit dem Rücken zu Nikkie unter dem Baum saß, die Zähne – ein »Furchtgrinsen«, das Ängstlichkeit signalisiert–, faßte sich aber sofort an den Mund und preßte mit den Fingern die Lippen zusammen. »Ich traute meinen Augen nicht«, schreibt de Waal, »und vergewisserte mich durchs Fernglas. Tatsächlich verzog er das Gesicht noch einmal zu einem nervösen Grinsen und nahm wieder die Finger zu Hilfe, um die Lippen zu schließen. Beim dritten Mal schließlich gelang es ihm, das Grinsen von seinem Gesicht zu bannen, und nun erst drehte er sich um. Er imponierte gegen Nikkie, als wäre nichts geschehen, und jagte ihn mit der Hilfe von Mama« – einer verbündeten ranghohen Schimpansin – »wieder auf den Baum. Nikkie seinerseits wartete, bis sich die Gegner entfernten, kehrte ihnen dann plötzlich den Rücken und ließ, als ihn die anderen nicht mehr sehen konnten, dem Grinsen freien Lauf. Gleichzeitig begann er, ganz leise vor sich hinzuwinseln. Da ich nicht weit entfernt war, konnte ich sein unterdrücktes Winseln noch hören, während Luit vermutlich nicht mehr mitbekam, daß auch sein Gegner seine wahren Gefühle nicht ganz unterdrücken konnte.«[12]

Aufgrund gemeinsamer Abstammung von ausgestorbenen Vorfahren stimmen die auf der Erbsubstanz DNA gespeicherten Informationen bei Schimpansen und Menschen zu etwa 98 Prozent überein. Es muß daher nicht unbedingt überraschen, daß ein Satz des Philosophen Johann Georg Hamann (1730-1788) auch auf Menschenaffen zuzutreffen scheint: »Um die Erkenntnis unserer selbst zu erleichtern, ist in jedem Nächsten mein eigen Selbst als in einem Spiegel sichtbar.«[13]

IV Nächstenliebe »wider die Natur«

Die bereits im prä-menschlichen Abschnitt der Stammesgeschichte wurzelnden biologischen Vorgaben der Selbst-Erkenntnis und des sozialen Erkennens schaffen die »praktischen« Voraussetzungen, um einem Gebot »Liebe deinen Nächsten wie dich selbst« überhaupt Folge leisten zu können. Problematisch wird es jedoch, wenn wir Jesu Gleichnis vom »Barmherzigen Samariter« so auslegen, wie es der Hamburger Dichter Barthold Hinrich Brockes (1680-1747) in seiner Gedichtsammlung *Irdisches Vergnügen in Gott* tat: »Du fragst, wie jener Pharisäer, mit recht: wer doch dein Nächster sei? / Drauf füg ich dieses der Erklärung von jenem Samariter bei: / Es sind die alle deine Nächsten, die auf dem Zirkel dieser Welt / Durch den allmächtigen Beherrscher zu einer Zeit sind hingestellt.«[14]

IV.1 Eigengruppe und Fremdgruppe

Die zitierte »flächendeckende« Auffassung, wer denn unser Nächster sei, wird von der biologischen Grundausstattung der menschlichen Psyche nicht unterstützt, da der Mensch mit sehr einfachen Eigen-Fremdgruppen-Kategorien ausgestattet ist. Wir-sie-Gefühle sind wiederum Teil der grundlegenden Primatenpsyche. Hubert Markl sieht beim Menschen die »natürliche Neigung, ... die soziale Umwelt immer in drei konzentrischen Kreisen um das *Ego* organisiert zu erleben«. Er unterscheidet zunächst den »Verwandtschaftskreis«, dann den »Zugehörigkeitskreis«, der aus der Menge vernetzter Verwandtschaftskreise besteht, deren Gesamtheit die Horde, den Stamm, das Volk, die Angehörigen der eigenen Kultur ausmacht. Am weitesten »außen« liegt der »Fremdkreis«, mit den »anderen« oder »Außenstehenden«. Die evolutionsbiologische Betrachtungsweise legt nahe, »von innen nach außen in diesem mehrstufigen Kreissystem parallel zu dem Gradienten abnehmender Vertrautheit einen Gradienten von hilfsbereiter Kooperation hin zu ablehnender Verweigerung zu erwarten«.[15]

Wir sind mithin weit eher geneigt, unseren Verwandten und den Mitgliedern unseres Zugehörigkeitskreises zu helfen, als Fremden.

Dies erkennt auch der »gesunde Menschenverstand« des Bibelgelehrten Büchner an: »Die Äußerungen der Liebe müssen jedoch, der Natur der Sache nach, in den nächsten Kreisen, wo wir stehen, viel stärker erscheinen als in den uns ganz fernen Kreisen.«[16] Der Kirchenvater Fulgentius von Ruspe (507-533) leugnet die Existenz solcher Abstufungen ebenfalls nicht, zumal der Apostel Paulus im Galaterbrief eine entsprechende Diskriminierung explizit vornimmt: »Wenn der Apostel sagt ›Laßt uns Gutes tun an jedermann, allermeist aber an des Glaubens Genossen!‹ (Gal 6,10), so zeigt er deutlich, daß man wohl beim Werk der Liebe jemand anderen vorziehen darf.«[17]

IV.2 Vorurteile

Diese »doppelte Moral« einer Unterscheidung von »In-Group« und »Out-Group« wird durch eine Reihe von Vorurteilen gegenüber Mitgliedern anderer Gruppen unterstützt, die Menschen gegenüber Mitgliedern anderer Gruppen haben. Solche Vorurteile entwickeln sich aus stereotypen Vorstellungen, beispielsweise über Geschlechts- und Rassenunterschiede, die dann häufig mit Bewertungen verknüpft werden und emotionale Reaktionen auslösen. So zeigten die Ergebnisse einer amerikanischen Studie, daß College-Studenten dazu neigten, einen Essay höher einzuschätzen, wenn ihnen gesagt wurde, er sei von einem Mann geschrieben, als wenn man ihnen sagte, eine Frau habe ihn verfaßt. Ein Rassenfanatiker wiederum wird sich nichts dabei denken, wenn er einen gutgekleideten weißen Mann mitten in der Woche am hellichten Tag auf einer Parkbank sitzen sieht; ist der Mann jedoch schwarz und ärmlich gekleidet, wird ihm wahrscheinlich Faulheit unterstellt.[18]

Vorurteile zeichnen sich durch eine ganze Reihe von Faktoren aus, die sie zu einer »self-fulfilling-prophecy« machen, einem Teufelskreis der Selbstbestätigung. So sind Vorurteile veränderungsresistent, da der Kontakt mit der Fremdgruppe gemieden wird und die stereotype Sichtweise oft auf irrationalen Annahmen beruht. Die Wahrnehmung verzerrt sich, und die Aufmerksamkeit richtet sich selektiv auf Eigenschaften, welche die vorgefaßte Meinung bestätigen. Der Mensch wird nicht mehr als Einzelperson, sondern lediglich als Mitglied der negativen Gruppe wahrgenommen. Vorurteile sind weithin unzugänglich gegenüber Fakten. Demagogen können durch das geschickte Ausspielen von Vorurteilen leicht Haß und Feindseligkeit gegen irgendeine Fremdgruppe schüren.[19]

Der amerikanische Psychologe Gordon Allport (1879-1967) illustriert diese Faktoren in seiner klassischen Monographie *The Nature of Prejudice (Die Natur des Vorurteils*, 1954*)* durch einen beispielhaften Dialog:

»Mr. X: Der Ärger bei den Juden ist, daß sie sich nur um ihre eigene Gruppe kümmern.

Mr. Y: Der Finanzbericht der Gemeinde zeigt doch aber, daß sie im Verhältnis zu ihrer Zahl mehr für allgemeine Wohlfahrtseinrichtungen in der Gemeinde stiften als Nichtjuden.

Mr. X: Da zeigt sich wieder einmal, daß sie immer versuchen, sich die Gunst anderer zu kaufen und sich in die Angelegenheiten der Christen einzumischen. Sie denken nur ans Geld. Deshalb gibt es so viele jüdische Bankiers.

Mr. Y: Eine kürzlich durchgeführte Untersuchung zeigt aber, daß der Prozentsatz der Juden, die im Bankgeschäft tätig sind, minimal ist, weit kleiner als der Prozentsatz der Nichtjuden.

Mr. X: Genau das ist es; anständige Arbeit interessiert sie überhaupt nicht. Nur im Filmgeschäft sind sie zu finden, oder sie haben Nachtklubs.«[20]

Wir haben Vorurteilsbildung soeben aus der Perspektive der »Wirkursache« beleuchtet. Darüber hinaus existieren aber auch Theorien über mögliche Funktionen, also »Zweckursachen« von Vorurteilen. So könnten sie auf ursprüngliche sicherheitsfördernde Mechanismen zurückgehen. Organismen müssen oft auf Anhieb richtige Entscheidungen in lebenswichtigen Situationen treffen können. Insbesondere wenn sie jung sind, reicht hierzu ihre Erfahrung nicht aus. Vor allem von Artgenossen, mit denen ein Individuum vertraut ist (und das sind in der Regel Verwandte) und denen es entsprechend »vertrauen« kann, werden dann Stereotype übernommen. In diesem Sinne kann Vorurteilsbildung also adaptiv sein und von der Selektion begünstigt werden.[21]

IV.3 Ausschlußreaktionen

»Vorurteile« bei Tieren nachzuweisen, stößt auf methodische Schwierigkeiten, da Tiere nicht wie Menschen gefragt werden können. Zumindest aber zeigen verschiedene Tierarten gegenüber fremden oder »auffälligen« Artgenossen »Ausschlußreaktionen«, die dem diskriminierenden Verhalten von Menschen ähnlich sind.

Aggressionen gegenüber *fremden* Artgenossen treten um so

wahrscheinlicher auf, je mehr der Eindringling ein Konkurrent um knappe Ressourcen ist, etablierten Gruppenmitgliedern also Lebensraum, Nahrung oder Paarungspartner streitig macht. Da nichtverwandte Individuen gleichen Geschlechts in der Regel miteinander konkurrieren, richtet sich gegen weibliche Eindringlinge besonders die Aggression von Weibchen, gegen männliche die Aggression von Männchen der Stammgruppe.

Aber auch gegenüber *vertrauten* Artgenossen kann es zu Ausschlußreaktionen kommen, nämlich dann, wenn sie in ihrem Aussehen oder Verhalten von den »sozialen Normen« der Gruppe abweichen. In freier Wildbahn locken solche »auffälligen« Individuen häufig Raubfeinde an. Meist handelt es sich um kranke Tiere, die – bei ansteckenden Krankheiten – auch andere Gruppenmitglieder infizieren können. Die biologische Funktion der Ausschlußreaktion könnte also ein Schutzbedürfnis nicht-auffälliger Artgenossen sein.

Charles Darwin (1809-1882), der Begründer der Evolutionstheorie, erkannte dies bereits klar in seinem Werk *Die Abstammung des Menschen* (1871): »Daß Tiere zuweilen weit davon entfernt sind, irgendwelche Sympathie zu zeigen, ist nur zu sicher; denn sie treiben ein verwundetes Tier aus der Herde oder stoßen und plagen es zu Tode. Dies dürfte beinahe der schwärzeste Punkt in der Naturgeschichte sein, wenn nicht die dafür aufgestellte Erklärung richtig ist, wonach der Instinkt oder Verstand der Tiere sie dazu antreibt, einen verwundeten Genossen auszustoßen, damit nicht Raubtiere, mit Einschluß des Menschen, versucht würden, der Herde zu folgen.«[22]

Die Verhaltensforschung kennt mittlerweile eine ganze Reihe Beispiele. Haushühner greifen schwache oder behinderte Gruppenmitglieder heftig an und töten sie unter Umständen gar. Solche Reaktionen lassen sich auch auslösen, wenn Hühnern Kamm und Kinnlappen mit Farbflecken markiert werden. Von Pinguinen wird ebenfalls berichtet, daß sie in der Gefiederfärbung abweichende Artgenossen attackierten. Junge Silbermöven wiederum griffen eines ihrer Geschwister an, das einen verklebten After hatte.[23]

Eine Episode von geradezu bewegender Dramatik berichtet die Primatenforscherin Jane Goodall. In der von ihr untersuchten Schimpansenpopulation am Ostufer des Tanganyika-Sees breitete sich eine vermutlich von Menschen eingeschleppte Polio-Epidemie aus. Fünfzehn Schimpansen infizierten sich, von denen sechs starben. Besonders schlimm war der Zustand des alten Männchens McGregor, dessen Beine völlig gelähmt waren und der sich nur noch mit Hilfe seiner Arme über den Boden schleifen konnte. Dadurch entzündete sich sein Hinterteil. Da seine Schließmuskeln ebenfalls nicht mehr funktionierten, verbreitete er einen schlimmen Gestank um sich. Ein Schwarm von Fliegen verfolgte ihn. »Das traurigste von der ganzen tragischen Geschichte«, schreibt Goodall, »war die Art und Weise, wie die anderen Schimpansen auf die verzweifelte Situation des alten Männchens reagierten.« Sie wichen ihm nämlich aus oder entfernten sich, wenn er versuchte, sich einer Fellpflege-Sitzung anzuschließen. Ein Männchen schlug auf den wehrlosen McGregor ein, ein zweites bedrohte ihn mit einem gewaltigen Ast. Das alte Männchen starb nach einigen Wochen völlig vereinsamt.[24]

V Hintertüren des Egoismus

Besonders problematisch wird das Gebot der Liebe zum Mitmenschen in der zugespitzten Form der Feindesliebe, mit der Jesus über die »einfache« Forderung nach Nächstenliebe hinausgeht: »Ihr aber habt gehört, daß gesagt ist: ›Liebe deinen Nächsten und hasse deinen Feind.‹ Ich aber sage euch: Liebet eure Feinde und betet für die, die euch verfolgen, damit ihr Söhne eures Vaters im Himmel werdet, denn er läßt seine Sonne aufgehen über Böse und Gute und läßt regnen über Gerechte und Ungerechte. Wenn ihr nämlich nur die liebt, die euch lieben, welchen Lohn habt ihr dafür? Machen nicht auch die Zöllner dasselbe?« (Mt 5,43-46)

Diese Radikalität hat zweifellos etwas »Weltfremdes«, wie die Geschichte des christlichen Abendlandes über weite Strecken traurig illustriert. Weil sie die Schwierigkeit der Gläubigen mit einem solch hehren »Sollwert« wohl realisierten, nahmen die Kirchenväter Zuflucht zu einer besonderen Form der Deutung: »›Liebet eure Feinde, tut Gutes denen, die euch hassen, und betet für jene, die euch verfolgen und verleumden!‹ (Mt 5,44)... Und welcher Lohn wird einst für solche Anstrengungen gegeben werden, welches Geschenk wird denen verliehen, die dieses Gebot befolgen? ... ›Damit ihr‹, spricht der Herr, ›Kinder eures Vaters seid, der im Himmel ist‹ (Mt 5,45). Als er nämlich die Feindesliebe zur Pflicht machte, wurde vielleicht dem, der es hörte, ein hartes Gebot gegeben; darum sei die Verheißung süß, die dem Gehorsam versprochen wird. So hafte darum im Herzen die Lieblichkeit dieser Süße, und die Schwierigkeit jener Bitternis wird überwunden werden.«[25]

Auch Ambrosius von Mailand winkt überaus pragmatisch mit zukünftigem Verdienst: »Doch weil der Tugendeifer ohne Lohn erkalten würde, stellte uns der Herr... himmlischen Lohn in Aussicht... Denn je herrlicher der Lohn ist, um so größere Mühe soll man es sich kosten lassen... So übe denn Barmherzigkeit, um Gnade zu verdienen.«[26] Eine geradezu schlitzohrige Perspektive entwickelt Johannes Chrysostomos: »Wenn du dich also rächen willst, so räche dich auf folgende Weise: Vergilt das Böse mit Gutem, damit du den Beleidiger zum Schuldner machest und selbst einen herrlichen Sieg davontragest!«[27]

Die Aussagen der Kirchenväter ähneln jenem Standpunkt, den die englische Moralphilosophie einnahm: den Utilitarismus. Vor allem Jeremias Bentham (1748-1832) versuchte nachzuweisen, daß das Wohl des anderen zu fördern durchaus im wohlverstandenen Selbstinteresse des einzelnen liegen könnte und begründete ein pseudoethisches, auf der Gleichsetzung von »gut« und »nützlich« beruhendes Denksystem.

Eine andere Hintertür des Egoismus eröffnet sich über das Prinzip der Gegenseitigkeit, indem die Vergeltungsregel »Wie du mir, so ich dir« positiv umgedeutet wird. »Die sozialen Instinkte«, folgerte Darwin, »führen naturgemäß zu der goldenen Regel ›Was ihr wollt, daß man euch tue, das tut auch andern.‹«[28] Wenn ein bestimmter Prozentsatz von Autofahrern anhält, um Unfallopfern zu helfen, schwingt sicherlich die – bewußte oder unbewußte – Überlegung mit: »Mir könnte ja das gleiche passieren.« In diesem Sinne muß auch das Verhalten des barmherzigen Samariters nicht notwendigerweise frei von solcher Motivation gewesen sein.

Das Konzept des »reziproken Altruismus«, das der Biologe Robert Trivers in seinen Implikationen für das Sozialverhalten theoretisch begründete[29], klingt verschiedentlich auch in der Bibel an, etwa wenn es heißt: »Wie ein Einheimischer aus eurer Mitte gelte euch der Fremdling, der sich bei euch aufhält. Du sollst ihn lieben wie dich selbst. Denn auch ihr waret Fremdlinge im Land Ägypten« (Lv 19,34).

Diese Formen der Nächstenliebe haben wenig zu tun mit »wahrem« Altruismus, also einem sittlich einwandfreien »vivre pour autrui – für den anderen leben« im Geiste Auguste Comte's (1798-1857), des großen französischen Gegenspielers der englischen Utilitaristen. Friedrich Nietzsche (1844-1900) hätte sich bestätigt gefunden, war er doch einer der schärfsten Kritiker des Altruismus, den er als »die verlogenste Form des Egoismus« bezeichnete. Der deutschsprachige Philosoph Alexius Meinong (1853-1920) unterschied denn auch in einer etwas hölzernen Formulierung zwischen

»selbstisch-altruistischen« Begehrungen (z. B. Familienliebe) und »unselbstisch-altruistischen« (allgemeiner Menschenliebe).

VI »Sympathie für alle fühlenden Wesen«

Die Bilanz der Evolutionsbiologie hinsichtlich etwaiger stammesgeschichtlicher Vorgaben einer »natürlichen« Nächstenliebe sind also durchaus zwiespältig. Gewiß, die Psyche des Menschen baut auf sicherem Fundament, was die Fähigkeit zur »Selbst-Erkenntnis« und die Fähigkeit, sich in Mitmenschen »hineinzudenken«, angeht. Und auch unsere »selbstisch-altruistischen« Neigungen sind wohlausgeprägt. Nächsten»liebe« gegenüber Mitgliedern der eigenen Gruppe, genetischen Verwandten oder gegenüber solchen Individuen, mit denen Kooperation auf Gegenseitigkeit sich zu lohnen verspricht, gehört zu den basalen »sozialen Instinkten«.

Die Grenzen der »natürlichen« Nächstenliebe sind allerdings genauso deutlich markiert, und wir balancieren beständig mit den Maßstäben einer »doppelten Moral«, die Darwin treffend schilderte: »Es ist offensichtlich, daß verschiedene instinktive Impulse beim Menschen von unterschiedlicher Stärke sind. Ein Primitiver wird sein eigenes Leben wagen, um ein Glied seiner Gemeinschaft zu retten, aber einem Fremden gegenüber wird er vollkommen gleichgültig sein. Eine junge, ängstliche Mutter wird ohne zu zögern sich im Interesse ihres Kindes der größten Gefahr aussetzen, aber keineswegs für irgendeinen Mitmenschen.«[30]

Mit einer Überheblichkeit, welche die rassistischen Attitüden des Kolonialzeitalters reflektiert, konstatierte Darwin: »Die wesentliche Ursache der tiefstehenden Moral der Primitiven beruht zunächst auf der Ausschließlichkeit ihrer Sympathie für den eigenen Stamm.«[31] Bei rechtem Licht betrachtet, unterschieden und unterscheiden sich die sogenannten »zivilisierten« Völker in dieser Hinsicht indes keineswegs von den ursprünglichen Stammesgesellschaften.

»Gerechtigkeit für alle, Nächstenliebe ohne Ansehen der Person«, schreibt Wolfgang Wickler, »laufen ... den Tendenzen zuwider, auf denen sowohl die biologische wie die kulturelle Evolution beruhen.« Er zieht daraus den Schluß: »Wer in der außermenschlichen Natur ungetrübt den Willen Gottes am Werk sieht, muß sich damit abfinden, daß Gott dort offensichtlich solche Verhaltensweisen gewollt hat, die wir im menschlichen Bereich als unmoralisch verurteilen.«[32]

Doch muß zugleich vor dem biologistischen Umkehrschluß einer »natürlichen Moral« gewarnt werden. Auch wenn Vorurteilsbildung, Ausschlußreaktionen, Nepotismus und Eigengruppen-Egoismus unter gewissen psychobiologischen Perspektiven »sinnvolle« Funktionen zugeschrieben werden können, bedeutet dies *nicht (!)*, daß solches Verhalten als »moralisch wertvoll« zu beurteilen wäre. Zwar wird verständlich, warum solches Verhalten so schwer abzubauen ist, doch kann daraus keinesfalls gefolgert werden – um wiederum Hubert Markl zu zitieren –, daß »alle diese Neigungen und Äußerungen etwa mit dem moralischen Gütesiegel der Natur, sozusagen dem Zulassungsstempel, der Unbedenklichkeitsbescheinigung der Evolution versehen wären. Daß der Mensch nach moralischen Maßstäben unerwünscht erscheinende Neigungen hat, die er nur allzuleicht aus sich selbst heraus entwickelt, rechtfertigt das Ausleben solcher Neigungen genauso, wie unsere Fähigkeit und Neigung, ein Feuerzeug zu bedienen, Brandstiftung rechtfertigen – eben gar nicht!«[33]

Die Chance einer nicht diskriminierenden und rettenden Ethik für die Passagiere, die auf Gedeih und Verderb miteinander im Raumschiff Erde auskommen müssen, liegt gerade darin, daß »›die Natur‹... die menschliche Verhaltensentwicklung eher durch Vorschläge als durch Vorschriften zu beeinflussen scheint«[34]. Zwar ist wahrscheinlich, daß wir mit dem Strom schwimmen, doch wir *können* auch anders.

In diesem Zusammenhang ist interessant, daß Jesus den Juden als beschämendes Vorbild der Nächstenliebe gerade einen Samariter vorhält. Die Bewohner des mittelpalästinischen Berglandes um die Stadt Samaria galten nämlich als »Heiden«, da sie zwar wie die Juden Jahwe verehrten, aber in Konkurrenz zum Jerusalemer Tempel ein eigenes Heiligtum errichtet hatten. Bei einem Besuch in Samaria nahm Jesus selbst auf die Gefahr der Verunreinigung hin Kontakt mit dieser Gruppe auf (Jo 4,1-42). Auch wenn es Ausnahmen sind, so liefert die biblische Überlieferung damit beredte Beispiele, daß und wie Menschen psychosoziale Vorbehalte gegenüber Fremdgruppen mental umgehen können.

Hinsichtlich der Wirkung solch »leuchtender Vorbilder« besaß Darwin einen Optimismus, den man beinahe naiv nennen möchte: »Die Idee der Humanität ist eine der vornehmsten, die dem Menschen zuteil wurde. Sie scheint aus unseren Sympathiegefühlen hervorzugehen, die immer zarter und weiter ausgedehnt wurden, bis sie sich auf alle fühlenden Wesen erstreckten. Sobald diese Eigenschaft von wenigen Menschen geehrt und ausgeübt wurde, so ging sie durch Beispiel und Belehrung auf die jüngere Generation über und wurde schließlich zum Gemeingut der öffentlichen Meinung.«[35]

Diese Rede wurde im Imperfekt geführt, so als sei eine von allgemeiner Menschenliebe geprägte Zukunft schon gewonnen. »Beispiel und Belehrung« tut jedoch noch immer bitter not. Die Natur hat uns die entsprechend nützlichen sozialen Normen für unser Tun und Lassen beileibe nicht auf den Leib geschneidert. Der Anthropologe Christian Vogel (geb. 1933) hat dies pointiert zum Ausdruck gebracht: »Die Proklamation allgemeinverbindlicher Menschenrechte, einer alle Völker und Rassen überspannenden Gleichheit und Brüderlichkeit ist also ein ziemlich naturfernes Unternehmen. Und wie es keine auf dem Prinzip der Arterhaltung basierende, die ganze Menschheit umfassende natürliche Moral gibt und geben kann, so gibt es erst recht keine biogenetisch fundierte Verantwortlichkeit gegenüber anderen Organismen dieser Erde. Unsere moralische Maxime kann und darf also nicht lauten: ›Zurück zum Naturzustand!‹, sondern: ›Weg vom Naturzustand!!‹«[36]

In diesem Sinne sind auch die naturfernen Forderungen der neutestamentlichen Überlieferung durchaus nicht zu belächeln.

Anmerkungen

1 Augustinus, über die christliche Lehre 1, 26; zit. in Heilmann & Kraft, 1963, Bd. 2, S. 452.
2 Büchner, 1922, S. 294.
3 Markl, 1985, S. 84.
4 Filipp & Frey, 1987; vgl. auch Griffin, 1985.
5 Gallup, 1980; Gallup *et al.*, 1980.
6 Patterson & Linden, 1981.
7 Vischer, 1879, Bd. 1, S. 227.
8 Wickler, 1981, S. 174.
9 Augustinus, Über die christliche Lehre 1, 26; zit. in Heilmann & Kraft, 1963, Bd. 2, S. 452.
10 Kummer, 1982.
11 Paul, 1984, S. 324 f.
12 de Waal, 1983, S. 133 f.
13 Hamann, 1758, Bd. 1, S. 131.
14 Brockes, 1748, Bd. 9, S. 531.
15 Markl, 1985, S. 85 f.; Verwandtschaftsbevorzugung und Konkurrenz gegenüber Nicht-Verwandten ist mit genetischen Selektionsvorteilen verknüpft; vgl. hierzu die Beiträge von V. Sommer in Bd. 5, 6, 7, 8 dieser Reihe.
16 Büchner, 1922, S. 705.

17 FULGENTIUS VON RUSPE, Predigten 5, 4-6; zit. in HEILMANN & KRAFT, 1963, Bd. 3, S. 348.
18 GERARD, 1984, S. 256.
19 ebd. S. 250ff.
20 zit. in GERARD, 1984, S. 254.
21 vgl. hierzu STROEBE, 1987.
22 DARWIN, 1871, Bd. 1, S. 112.
23 Haushühner: SCHJELDERUP-EBBE, 1922; Pinguine: KEARTON, 1935; Silbermöven: GOETHE, 1939; alle zit. in EIBL-EIBESFELDT, 1972, S. 382.
24 GOODALL, 1972, S. 184f.
25 FULGENTIUS VON RUSPE, Predigten 5, 4-6; zit. in HEILMANN & KRAFT, 1963, Bd. 3, S. 348.
26 AMBROSIUS VON MAILAND, Lukas-Kommentar 5, 73-78; zit. in HEILMANN & KRAFT, 1963, Bd. 3, S. 347.
27 JOHANNES CHRYSOSTOMOS, Homilien zum Epheserbrief 16, 2-3; zit. in HEILMANN & KRAFT, 1963, Bd. 3, S. 343.
28 DARWIN, 1871, Bd. 1, S. 139f.
29 TRIVERS, 1971.
30 DARWIN, 1871, Bd. 1, S. 121.
31 ebd. S. 131.
32 WICKLER, 1981, S. 155.
33 MARKL, 1985, S. 51.
34 ebd. S. 86.
35 DARWIN, 1871, Bd. 1, S. 135.
36 VOGEL, 1989, S. 42; vgl. auch VOGEL, 1985.

Literatur

BROCKES, B. H. (1721-48). Irdisches Vergnügen in Gott, bestehend in physicalisch- und moralischen Gedichten. 9 Bd., Hamburg.

BÜCHNER, M. G. (1922). Hand-Konkordanz. Leipzig (M. Heinsius Nachfolger Eger & Sievers) 28. Aufl. (begründet 1740).

DARWIN, C. R. (1871). The Descent of Man, and Selection in Relation to Sex. London (John Murray) 1871. (Übersetzung: Die Abstammung des Menschen und die geschlechtliche Zuchtwahl. 2 Bd., Stuttgart, E. Schweizerbart, 1902).

DE WAAL, Frans (1983). Unsere haarigen Vettern. München (Harnack) 1983 (Originalausgabe: Chimpanzee Politics. London, Jonathan Cape, 1982).

EIBL-EIBESFELDT, I. (1972). Grundriß der vergleichenden Verhaltensforschung. 3. überarbeitete Aufl., München (Piper).

FILIPP, S. & D. FREY (1987). Das Selbst. In: Deutsches Institut für Fernstudien (Hg.), Funkkolleg Psychobiologie. Studienbegleitbrief 8. Weinheim, Basel (Beltz), S. 11-56.

GALLUP, G. G. (1980). Chimpanzees and self-awareness. In: M. A. Roy (Hg.), Species Identity and Attachment: A Phylogenetic Evolution. New York (Garland STPM Press), S. 223-243.

GALLUP, G. G., L. B. WALLNAU & S. D. SUAREZ (1980). Failure to find self-recognition in mother-infant und infant-infant rhesus monkey pairs. Folia primatol. *33*: 223-243.

GERARD, H. B. (1984). Funktion und Entwicklung von Vorurteilen. In: A. HEIGL-EVERS (Hg.), Sozialpsychologie, Bd. 1. Weinheim, Basel (Beltz), S. 250-263. (Originalausgabe: Kindlers »Psychologie des 20. Jahrhunderts«; Zürich 1979).

GOETHE, F. (1939). Über das »Anstoß-Nehmen« bei Vögeln. Z. Tierpsychol. *3*: 371-374.

GOODALL, J. van Lawick (1971). Wilde Schimpansen. Reinbek bei Hamburg (Rowohlt); (Originalausgabe: In the Shadow of Man. London, Collins, 1971).

GRIFFIN, D. R. (1985). Wie Tiere denken. Ein Vorstoß in das Bewußtsein der Tiere. München, Wien, Zürich (BLV); (Originalausgabe: Animal Thinking. Cambridge MA., Harvard University Press, 1984).

HAMANN, J. G. (1758). Poetisches Lexikon. Leipzig.

HEILMANN, A. & H. KRAFT (Hg.) (1963-64). Texte der Kirchenväter. 5 Bd., München (Kösel).

KEARTON, C. (1935). Die Insel der fünf Millionen Pinguine. Stuttgart.

KUMMER, H. (1982). Social knowledge in free-ranging primates. In: D. R. Griffin (Hg.), Animal Mind – Human Mind. Dahlem Konferenzen, 1982. Berlin (Springer), S. 113-130.

MARKL, H. (1985). Evolution, Genetik und menschliches Verhalten. München (Piper).

PATTERSON, F. & E. LINDEN (1981). The Education of Koko. New York (Holt, Rinehart & Winston).

PAUL, A. (1984). Zur Sozialstruktur und Sozialisation semi-freilebender Berberaffen (Macaca sylvanus L. 1758). Dissertation, Universität Kiel.

SCHJELDERUP-EBBE, T. (1922). Beiträge zur Sozialpsychologie des Haushuhns. Z. Psychol. *88*: 225-252.

STROEBE, W. (1987). Vorurteile. In: Deutsches Institut für Fernstudien (Hg.), Funkkolleg Psychobiologie. Studienbegleitbrief 8. Weinheim, Basel (Beltz), S. 95-140.

TRIVERS, R. (1971). The evolution of reciprocal altruism. Quart. Rev. Biol. *46*: 35-47.

VISCHER, F. T. (1879). Auch einer. Eine Reisebekanntschaft. 2 Bd., Stuttgart & Leipzig.

VOGEL C. (1985). Evolution und Moral. In: H. Maier-Leibnitz (Hg.), Zeugen des Wissens. Mainz (V. Hase & Koehler), S. 467-507.

VOGEL C. (1989). Eigennutz und Gemeinwohl: eine evolutionsbiologische Kontroverse. Unterricht Biologie *141*: 39-42.

WICKLER, W. (1981). Die Biologie der Zehn Gebote. Warum die Natur für uns kein Vorbild ist. München (Piper), überarb. Neuausgabe (Originalausgabe: München, Piper, 1971).

Zur Liebe gehört immer, daß sie einen Menschen dort aufsucht, wo er ist, und nicht da, wo man ihn haben möchte.

Adolf Köberle

Rosemarie Wagner-Gehlhaar

Die Sprüche und die Sprache der Liebe

»All you need is love...« (Beatles)

»Die Liebe ist das Wichtigste im Leben.« (ca. 65 % der Bundesbürger im April 1988)

»Liebe geht durch den Magen.« (Volksmund)

»Make love – not war!« (Flower-power)

»Liebet eure Feinde und betet für die, die euch verfolgen.«
(Jesus von Nazareth, Mt 5,44)

»Denn die Summe unseres Lebens sind die Stunden, die wir lieben.«
(Wilhelm Busch)

»Ihr sind ihre vielen Sünden vergeben, weil sie (mir) so viel Liebe gezeigt hat. Wem aber nur wenig vergeben wird, der zeigt auch nur wenig Liebe.« (Jesus von Nazareth, Lk 7,47)

»...daß mit der Zeit
das weiche Wasser
den harten Stein besiegt.« (Bertolt Brecht)

Liebe allein genügt nicht

Ein Junge, der neu in ein Kinderheim kommt, befragt einen anderen Jungen, der schon länger in dem Heim lebt, wie es denn da so sei. »In Ordnung«, erklärt der, »hier lieben sie uns nicht, hier sorgen sie für uns!« Eine kleine Szene aus dem Buch von Bruno Bettelheim »Liebe allein genügt nicht«.

»Ich glaube, die Mama von Petra pflegt ihre Kinder nicht so gut.

Eine Mutter muß doch ihre Kinder pflegen!« Sieben Jahre war er alt, als er mir seine Erkenntnisse über die Pflichten einer Mutter mitteilte. Anlaß war Petra. Ein etwas dickliches, blasses Mädchen mit weißer, großporiger Haut. Statt des üblichen Schulbrotes bekam Petra fünfzig Pfennig (»für Schnöker«) und eine Tüte Saft mit. Mittags, wenn sie und ihre Schwester nach Hause kommen, gibt es nur dann etwas Warmes zu essen, wenn die Oma gekocht hat.

Die gegessene Feindschaft

Ein Hotel in einem Hamburger Büroviertel. Der noch recht junge Hoteldirektor startet eine Aktion »Russische Wochen«. Zur Eröffnung sind Pressemenschen, langjährige Kunden des Hauses und der sowjetische Konsul eingeladen.

Um eine große, fast quadratische Tafel sitzen ungefähr fünfzig Freundinnen und Freunde des guten Essens und Trinkens (»Das Trinken ist die Freude der Russen!« zitiert der Hoteldirektor einen russischen Dichter). Nach echt russischem Kaviar und anderen Köstlichkeiten erhebt der Konsul sein Glas (mit trockenem [!] Krimsekt), sagt ein paar Artigkeiten und stellt fest:

»Ihr Land und mein Land – uns verbindet eine lange Geschichte. Und in tausend Jahren haben wir nur siebenundzwanzig Jahre Krieg gegeneinander geführt. Zum Wohle!« Eigentlich hätte nun getrunken werden dürfen, aber zunächst wurde fröhlich-befreit geklatscht, erst dann kam die Antwort der um Internationalität bemühten Gäste: »Nastarovje!«

Welch eine Erkenntnis so zwischen den Vorspeisen: In tausend Jahren nur siebenundzwanzig Jahre Krieg! Da hätt' man ja auch schon mal selbst drauf kommen können! Plötzlich rutscht dem Casinochef das schon fast verwachsene Feindbild »Der Russe, der aus dem Osten kommt!« aus dem Herzen. Er, der ganz sicher bis dahin »die Aussöhnung mit den Völkern der Sowjetunion« nicht auf seine deutsch-amerikanische Fahne geschrieben hatte, chauffiert nach Schluß dieses abendlichen Liebesmahles den Konsul und seine Frau nach Hause. »Wir sind ja schließlich Nachbarn!« Das waren sie auch schon vorher, denn sie wohnen tatsächlich Haus an Haus. Aber jetzt wissen sie *beide*, daß sie keine Feinde sind. In tausend Jahren siebenundzwanzig Jahre Krieg…

Das Beispiel vom barmherzigen Fischer

»Da stand ein Gesetzeslehrer auf, und um Jesus auf die Probe zu stellen, fragte er ihn: Meister, was muß ich tun, um das ewige Leben zu gewinnen? Jesus sagte zu ihm: Was steht im Gesetz? Was liest du dort? Er antwortete: Du sollst den Herrn, deinen Gott, lieben mit ganzem Herzen und ganzer Seele, mit all deiner Kraft und all deinen Gedanken, und: Deinen Nächsten sollst du lieben wie dich selbst. Jesus sagte zu ihm: Du hast richtig geantwortet. Handle danach, und du wirst leben. Der Gesetzeslehrer wollte seine Frage rechtfertigen und sagte zu Jesus: Und wer ist mein Nächster?« (vgl. Lk 10,25–37)

Diese Frage beantwortet Jesus mit dem »Beispiel vom barmherzigen Samariter«. Hiervon und durch leidvolle Erfahrungen inspiriert, habe ich 1977 nach dem ersten Theologischen Examen das »Beispiel vom barmherzigen Fischer« (seines Zeichens Professor für Systematische Theologie) aufgeschrieben und jetzt noch einmal abgeschrieben:

Ein Mensch ging von Semester zu Semester in diese und jene Veranstaltung. Er fühlte sich als Samariter: Nicht angenommen und nicht dazugehörig. Vielleicht darum, weil er nicht die Möglichkeit hatte, nur am Zentralheiligtum, dem hoch gelegenen Fachbereich 01 der (theologischen) Wissenschaft zu opfern. Er diente auch dem schnöden Mammon, wobei er sich zweifelsohne verunreinigte: Üble Gerüche stiegen dem erhabenen Kultpersonal in die sensiblen Nasenlöcher, unwillig vibrierten die feinen Staubhärchen: »Wir sind die Herren deines Daseins, du sollst keine anderen Interessen haben neben dem Examen!« Was ist das, Luther? Und als er bangen Herzens, denn er wußte um die Gefahren, die Straße der Tränen, so wird jene Wegstrecke vom Studium zum Examen genannt, hinabging, fiel er einigen sehr hohen Priestern in die Hände. Die fragten ihn aus, verwarfen die Antworten und ließen ihn ratlos liegen.

Zufällig ging aber ein Bruder vom »Orden der lo(h)sen Bernhardiner« an jener Stelle vorüber. Er hatte ein straffes, geblümtes Fell und ein schrecklich geschecktes Halsband, an dem ein Fäßchen mit altem Weimaraner hing, an dem aber trug er schwer. Und er sah ihn an, und er sagte im Vorübergehen: »Du wirst wohl noch in einem Jahr hier liegen.«

Ebenso kam auch ein Levit an den Ort, sah ihn und ging vorüber.

Ein Fischer aber, der unterwegs war, kam in seine Nähe, und als er ihn sah, hatte er Erbarmen mit ihm. Und er trat hinzu, verband seine Wunden, indem er brauchbare Ratschläge gab und Orangensaft eingoß, denn es war sehr heiß. Und er lud ihn in seinen Garten ein. Und er nahm ein Buch aus seinem Schrank und sprach: »Lies das, und wenn du mehr aufwenden willst, will ich dir mehr sagen, wenn du wiederkommst. Dieser eisern orthodoxe Heinrich wird deines Glückes Schmied sein. Auch will ich von Zeit zu Zeit nach dir sehen.«

»Welcher von diesen dreien dünkt dich, sei der Nächste dessen gewesen, der elendig in den staubigen Trümmern seines untauglichen Integrationsversuches lag?« Und er sprach: »Der Fischer, der ihn angenommen und ihn gestärkt hat.« Da sprach Jesus zu ihm: »Geh auch du hin, und tue desgleichen!«

Warum

Sie machen Krieg und
fragen uns nicht

Sie streuen uns
Sand in die Augen

Wir fragen

warum Menschen frieren und
hungern müssen

warum unsre Brüder
verbluten müssen

warum wir den »Feind« aus Menschen
ermorden müssen

warum wir nicht leben dürfen
friedlich und heiter
in Liebe zum Nächsten
wie es geschrieben steht
im Alten und Neuen
Testament

Rose Ausländer

Dietrich Mendt
Altersfreude

Wir haben uns entschlossen, unseren Eltern einen Trabant zu schenken. Man sollte uns deswegen nicht bewundern, wir wollen das nicht. Es ist uns eine Selbstverständlichkeit, auch wenn es ein rundes Drittel unserer Ersparnisse verschlingen wird. Aber man *muß* hier einfach helfen. Wir haben schließlich nicht umsonst gelernt, daß die Sorge um den Menschen ein ausgezeichnetes Merkmal unserer Gesellschaft ist.

Und wir beide, meine Frau und ich, haben begriffen, daß die Sorge um den Menschen zuerst bedeutet: Sorge um den älteren Menschen, ganz konkret! Deshalb werden wir einen Trabant bestellen. Wir sind sogar bereit, einen gebrauchten Wagen zu erwerben – falls er natürlich noch in einem einigermaßen brauchbaren Zustand ist, das sind wir unseren Eltern einfach schuldig –, wenn sich dadurch die Wartezeit verkürzen läßt, denn die Sache drängt.

Wir *wollen* einfach schnell helfen! Und wir werden uns nicht beirren lassen. Leider gibt es bei Freunden und Bekannten Widerstand und – was uns trauriger stimmt – auch bei den Betroffenen selbst. Sie meinen, es sei doch nicht nötig, und sie brauchten das nicht, und was sollten sie mit einem Auto und so weiter und so weiter, wie das eben so ist. Sie sind einfach bescheiden und wollen ihren Kindern nicht zu sehr zur Last fallen, das kennt man ja. Da ist Eltern bekanntlich jedes Argument recht. Mein Vater sagte allen Ernstes, er hätte doch sowieso keine Fahrerlaubnis, obwohl doch erfahrungsgemäß so viel Zeit vergeht bis zur Lieferung eines Trabanten, daß die Fahrschule inzwischen bequem absolviert werden kann.

Sollte es schneller gehen, könnte man vielleicht einen Weg über GENEX finden, meine Mutter hat einen Bruder drüben (uns bleiben leider solche Quellen versagt!).

Ich habe in meinen letzten vier Briefen an die Eltern – ich schreibe regelmäßig alle vier Wochen, und zwar in aller Ausführlichkeit, versteht sich, also etwa drei bis vier Seiten! – versucht, alle diese an sich unerheblichen Bedenken zu zerstreuen. Und bei meinem letzten

Besuch vor einem halben Jahr – ich brauchte wegen der Glätte statt der üblichen dreißig über fünfundvierzig Minuten, aber ich fühlte mich einfach verpflichtet, trotz des schlechten Wetters zu fahren – habe ich das Thema zum erstenmal angeschnitten. Die Wirkung war – ich kann das ohne Übertreibung sagen – überwältigend. Wenn es sich nicht um meine Eltern gehandelt hätte, sondern um einen Kollegen, würde ich den Ausdruck wagen: ihnen ist die Spucke weggeblieben!

Lange Zeit sagten sie gar nichts. Meine Mutter schüttelte nur den Kopf, und ich müßte mich sehr täuschen, wenn sie nicht Tränen in den Augen hatte. Schließlich sagte sie: »So eine Dummheit!« Und mein Vater fügte hinzu, mit bebender Stimme – mit bebender Stimme! –: »Das hilft uns doch nichts!« Nun, ich wußte, wie ich das zu verstehen hatte. Es war die liebevolle Verlegenheit übermäßig Beschenkter.

Natürlich – ich will das zugeben – bin ich ein wenig enttäuscht, daß diese Verlegenheit auch alle ihre Briefe bestimmt hat seitdem und sich die Freude an keiner Stelle wirklich artikulieren konnte, die sie doch zweifellos haben. Manchmal empfinde ich es sogar als undankbar, wenn man den eigenen Kindern gegenüber so wenig in der Lage ist, seine Empfindungen zu zeigen. Aber ich will nicht rechten. Älteren Menschen gegenüber muß man großzügig sein – und vor allem menschlich! Ich bleib dabei: Wir schenken ihnen den Trabant!

Und wenn ich etwa recht schnell zu einem gebrauchten Wagen kommen kann, dann kommt er unter Umständen sogar noch dieses Jahr zurecht, wenn mein Vater seinen 83. Geburtstag feiert oder doch vielleicht zwei Monate später zu Mutters 79.!

Auswahl aus dem Grimm'schen Wörterbuch

lieb, Liebäugelei, liebeathmend, Liebedienerei, liebebedürftig, liebenswerth, Liebenswürdigkeit, Liebesangst, Liebesband, Liebeseifer, Liebesfessel, Liebesgabe, Liebesgedächtnis, Liebesgedanke, Liebesgehalt, Liebeskrieg, Liebeslust, Liebesmacht, Liebesmeer, Liebesmühe, Liebespflicht, Liebesthat, Liebeston, Liebeswirkung, Liebeswort, Liebeszeichen, liebevoll, liebhaben, liebhalten, liebkosen, lieblich, Liebling, lieblos, liebreizend, Liebschaft, Liebseligkeit...

Dietrich Mendt
Elegie einer Trümmerfrau

(*Sie hält einen Ziegelstein in der Hand, Bühne im Halbdunkel:*)
Erkennt Ihr das? Das ist ein Ziegelstein aus den Trümmern.
Darum würde sich heute natürlich kein Mensch mehr kümmern.
Der käm in den Schutt. Da kann er allmählich verrotten.
Da liegen noch ganz andere, wertvollere Klamotten.
Ein paar solche Steine, das war ein Vermögen wert.
Dafür gab man Butter, Speck, Wurst, ein ganzes Pferd!
Dem einen fehlte das halbe Dach überm Quartier,
dem andern fehlte der Fenstersims, dem Dritten die Tür.
Bei Richters konnte man nicht mehr auf den Boden gehen
und durch die Wand bequem ins benachbarte Schlafzimmer sehen.
  Könnt Ihr Euch das vorstellen? Nein, Ihr könnt es nicht.
  Ich seh's Eurem Gesicht an, wenn eine Trümmerfrau spricht.
  Es ist schon zu lange her.
  Es war schwer damals, sehr schwer.
Es war was andres, was man sich in der Wiege geträumt hat.
Was Feines gab's nicht, bis man die Trümmer geräumt hat.
Da mußten wir Frauen ran, die jungen und die alten.
Für die Männer gab's schon damals wieder was zu verwalten.
Für die Nacht und die Liebe waren wir nichts, wir Trümmerfraun.
Vom Küssen verstanden wir nichts, nur vom Häuserbaun.
Unsere Haut war rissig und rauh, zwar zum Streicheln bereit,
und voll Sehnsucht, aber nicht geeignet für Zärtlichkeit.
Und nach der Wäsche, womit wir unsere Schenkel bedeckten,
die Männer sich weder die Finger nach sonstwas leckten.
  Könnt Ihr Euch das vorstellen? Nein, Ihr könnt es nicht.
  Ich seh's Eurem Gesicht an, wenn eine Trümmerfrau spricht.
  Es ist schon zu lange her.
  Es war schwer damals, sehr schwer.
Heutzutage ist nirgendwo Platz mehr für Trümmer.
Die Probleme sind andre. Unsre Probleme war'n schlimmer.
Wie kurz darf ein Rock sein? Wie lang sind heute die Haare?

Das Kleid gefällt mir nicht! Wann kriegen Sie neue Ware?
Der Fahrstuhl ist kaputt. Das Treppensteigen überanstrengt mein
Bein!
Ach Gott, wer Fahrstuhl fuhr, der mußte schon amputiert sein!
Wir lagen abends mit schmerzenden Gliedern im Bett,
und sagten zum Mann: »Heute nicht! Heute ist es zu spät!«
Eigentlich lebten wir die ganze Zeit nur für später,
für eine Zeit ohne Trümmerfraun; wir sagten nur: jeder
gesäuberte Ziegel ist ein Stück Zukunft für Euch!
Wir sind arme Leute – oder doch nicht, denn Ihr seid reich!
Es ist schon zu lange her.
Es war schwer damals, sehr schwer.
Habt Ihr's verdient? Geschniegelt, gebügelt mit langen Haaren
– und eine Trümmerfrau, ein Rest aus den vierziger Jahren!
Hab'n wir die halbe Republik für Euch da (*zeigt ins Publikum*)
enttrümmert?
Sind wir vorzeitig für Euch da (*wie oben*) verbraucht und
verkümmert?
Wir holten die Ziegel aus Trümmmern, erinnert Euch dran,
damit schon Eure Generation uns vergessen kann!
Wir Trümmerfraun haben uns nach dem Krieg nichts geschenkt,
damit der, der nach uns kommt, nicht dran denkt, wenn er dran
denkt!
Wir haben Euch seinerzeit zwischen den Trümmern geboren.
Aber Ihr habt die Trümmer und uns aus dem Blick verloren!
Könnt Ihr Euch das vorstellen? Nein, Ihr könnt es nicht!
Es ist gut so! Vergeßt die Trümmer und vergeßt mein Gesicht.
Es ist schon zu lange her.
Es war schwer damals, sehr schwer, sehr schwer!
(*finster*)

Herr, unsere Erde ist nur ein kleines Gestirn im großen Weltall. An uns liegt es, daraus einen Planeten zu machen, dessen Geschöpfe nicht von Kriegen gepeinigt werden, nicht von Hunger und Furcht gequält, nicht zerrissen in sinnlose Trennung nach Rasse, Hautfarbe oder Weltanschauung.

Gib uns den Mut und die Voraussicht, schon heute mit diesem Werk zu beginnen, damit unsere Kinder und Kindeskinder einst mit Stolz den Namen Mensch tragen.

Gebet der Vereinten Nationen

Dietrich Mendt
Nathan

Es tritt ein Prophet auf, das heißt ein Mann mit einem Sack bekleidet und einem Strick um den Leib. So altmodisch er aussieht, so modern ist sein Auftreten und Gebaren.

Ich bin der Prophet Nathan. Kennen Sie mich? Ich bin eigentlich lange tot, aber solche Leute wie ich bleiben immer aktuell. Ich hatte seinerzeit eine heftige Auseinandersetzung mit dem König David, Sie erinnern sich sicher: Der König hatte einem seiner Offiziere die Frau weggenommen, eine gewisse Bathseba, übrigens eine ausnehmend hübsche Frau. David hatte zwar schon eine, aber erstens hatten damals die Männer offiziell mehrere Frauen, und zwar in der Ehe (heute haben Sie's neben der Ehe), und zweitens können bekanntlich Könige nie genug kriegen.

Ich hätte David gern mitgebracht, aber er ist wirklich tot. Immerhin habe ich ein Bild mit von ihm – *Er geht an die Rückwand der Bühne, wo ein Bild lehnt. Er nimmt es in die Hand und betrachtet es, ohne daß das Publikum sehen kann, was auf dem Bilde ist* –, ein vorzüglich gelungenes Bild. *Er stellt es wieder weg.* Ich zeige es Ihnen nachher.

Wissen Sie, solche Davids gibt's doch zu allen Zeiten. Ich begrüße es, daß ihnen heutzutage auch mit den Mitteln des Kabaretts zu Leibe gegangen wird. Diese miesen Typen! Wir kennen sie ja. Da ist erstens der Klerikalist! Er geht schwarz und steif vor sich hin (*macht es vor*) und redet (*in salbungsvollem Ton*) salbungsvoll und im Lutherdeutsch: »Liebe Brüder, lasset es euch wohlschmecken! Der Herr hat uns gebratene Kartoffeln bereiten lassen!«
(*Mit normaler Stimme*)

Und dann die Frommen, die Überfrommen! Hauptsache Bibel in der Hand, Herz und Kopf können leer bleiben. Und dann die Verständnislosen: sie können nicht verstehen, daß die Jugend anders Gottesdienst feiern will, daß sie lauter Musik macht als der Kirchenchor, daß sie längere Haare, kürzere Röcke, engere Pullover, weitere Hosen und keine Büstenhalter trägt. Wenn einer die Nase anders hochzieht (*tut es*) als sie, sind sie schon beleidigt.

Und dann die Zweigleisigen! In der Kirche Christ, in der Welt Atheist! Lauter Davids, das kennen wir doch: selbstbewußt und selbstgerecht, überheblich, nur man selber macht's richtig, und der andere macht's falsch. Kein Verständnis, keine Liebe, keine Güte – genauso wie damals. Die Davids muß man sich merken. (*Nimmt das Bild, sieht es sich wieder an.*) Ich zeig's Ihnen mal, denn *Sie* sollen sich die Davids doch auch merken, nicht bloß wir Propheten. (*Dreht das Bild herum; es ist ein Spiegel; er hält ihn verschiedenen Leuten direkt vor die Nase.*) Hat sich kaum verändert, der König David, was? (*Stellt den Spiegel so auf die Bühne, daß das Publikum hineinsehen kann; dann ab.*)

Die Nächsten

Du mütterliche Liebe die
stets gibt und nichts verlangt

und du mein Bruder
nächster Anverwandter
den ich liebe

Freund auch du
in dessen Geist
ich mich erkenne

und Dichter du
von deinen Worten verzaubert
bin ich anfangjung

und du Einsamer
den ich nicht kenne
ich leg dir meine Welt
zu Füßen

Rose Ausländer

Dietrich Stollberg

Vom Unsinn der »-archate« und vom Ernst der Liebe

Eine (Anti-)These

Darüber, daß Gottes-, Nächsten- und Selbstliebe einander nicht ausschließen, ist in diesem Buch viel gesagt und geschrieben worden. Aber kaum sind wir uns darin einig, taucht schon ein neues Problem mit der Liebe auf: Es scheint, als schlössen die frauliche und die männliche Liebe zu sich selbst und zum eigenen Geschlecht die Liebe zum jeweils anderen aus. Frauen soldiarisieren sich gegen »die Männer«, Männer bleiben oft lieber unter sich. Lüstern beschwört frau die Schrecken des »Patriarchats«, achselzukkend geht man den »Matriarchinnen« aus dem Wege. In diesem Zusammenhang ist immer wieder zu hören, der Aufbruch der Frauen aus dem Patriarchat stelle eine massive Herausforderung der Männer dar und bewirke endlich, daß diese sich selbst und die von ihnen bestimmte patriarchale Gesellschaftsstruktur nolens volens ändern müßten. Im folgenden will ich daher einige Hypothesen zum Verhältnis des sogenannten Matriarchats zum sogenannten Patriarchat mitteilen.

Ich vermute,

1. daß das Klischee vom Auszug der Frauen aus dem »Patriarchat« so nicht stimmt,

2. daß es das Patriarchat in der stereotyp bekämpften Form so nie gegeben hat,

3. daß die Rede von einem dem Patriarchat vorausgehenden Matriarchat die Historisierung einer psychologisch zu verstehenden Realität darstellt und

4. daß die Rede von den »-archaten« nicht weiterführt, sondern ersetzt werden muß.

1. »Emanzipation« – wovon?

Allenthalben werden die Heldentaten der Frauenbewegung gefeiert. Ich spreche bewußt von »Heldentaten«, weil mir der Gestus siegesbewußter Feministinnen reichlich »patriarchalisch« vorkommt, jedenfalls aber »-archalisch« und nicht besonders autonom. Die Gegenabhängigkeit von den bekämpften und besiegten Männern scheint allzu deutlich. Eine enttäuschte Generation von Töchtern der »vaterlosen Gesellschaft« ist angetreten, sich aggressiv auf die Suche nach dem verlorenen, nicht (wieder-)gefundenen, wenn aber doch noch irgendwo vorhandenen, dann allzu sanften und soften Vater zu machen.

Woher kommen sie, woraus haben sie sich »emanzipiert«? Gewiß kommen sie aus einer Zeit, in der das öffentliche Leben von Vätern, das private von Müttern bestimmt war – jedenfalls auf der manifesten Ebene. Aber wer hat eigentlich die These aufgebracht, Öffentlichkeit und Macht, Privatheit und Ohnmacht seien gekoppelt? Martin Luthers »Herr Käthe« scheint nach allem, was wir wissen, nicht gerade ein unterdrücktes, schwaches Weib gewesen zu sein, sondern *sie* hatte *ihn* geheiratet und regierte auch ein »Haus« (samt Brauerei), keineswegs nur eine idyllische Modell-Kleinfamilie.

Gewiß, in diesem Haus gingen die Herren der Reformation ein und aus, die sich bedienen und bekochen ließen, um in der Öffentlichkeit Meinung und Politik zu machen, sich die Köpfe heiß zu reden und ihr Leben unter dem Bann des Papstes zu riskieren: Aber waren sie zu beneiden, hatten sie es besser als die Frauen? Freilich, wer machte die Gesetze, die auch das Verhältnis der Geschlechter betrafen, wer hatte im Mittelalter Keuschheitsgürtel schmieden lassen und unbewältigte Sexualität auf Hexen projiziert! Aber waren diese grausamen Kerle, die ins Morgenland oder nach Preußen zogen, nicht Söhne ebenso grausamer Mütter, die ihnen einst um der Schönheit willen die Brust verweigert und sie nach ihrem Männerideal hatten erziehen lassen, die in ihrer Abwesenheit Intrigen spannen, Morde planten und »hinter den Kulissen« politische Ränke schmiedeten? Grausame Mütter und grausame Söhne in einer grausamen Zeit!

Die mittelalterliche genusspezifische Aufteilung der Zuständigkeiten mag äußerlich nach einseitiger Machtgewichtung aussehen. In Wirklichkeit ist die scheinbar private Macht der Frauen, auch wenn sie nicht gerade Königinmütter waren, kaum geringer zu veranschlagen als die der Männer. Im Gegenteil, durch ihre gesellschaftliche Verborgenheit war die weibliche Macht weniger klar zu orten und von geringerer Deutlichkeit als die der Männer, daher aber auch viel gefährlicher.

Allerdings hat sich im industriellen Zeitalter die alte Genus-Ordnung, die zugleich die Produktionsverhältnisse regelte, wie sie umgekehrt auch von diesen bestimmt war, verschoben, und es entstand die biedermeierliche Hausfrau, die nur noch vom öffentlichen Glanz ihres Gatten, des Herrn Geheimrats, seines Titels und seines Gehalts, das eventuell eine Villa und Dienstboten ermöglichte, profitierte. Dies gilt für das Bürgertum. Die Ober- und die Unterschicht dürften für das, was heute »Patriarchat« genannt wird, ohnedies atypisch gewesen sein. Immerhin könnte man die Zeit der »Nur-Hausfrauen« auch als Periode der Ausbeutung der Männer durch die Frauen ansehen: Der »Ernährer« der Familie, dem gnadenlosen Konkurrenzkampf ausgesetzt, erlebte im Beruf wohl kaum die ihm zugeschriebene Selbstverwirklichung, sondern eher die Anforderungen der Pflichterfüllung, das knechtende Fremdbestimmtsein und die notwendige Unterwerfung unter das Diktat des Broterwerbs.

Wo immer jedoch die Frauen stärker in den Hintergrund traten, waren sie keineswegs machtlos, und die Söhne und Töchter, die sie im Privatmatriarchat der Familie heranzogen, waren lebenslang durch ihrer Mütter Freud und Leid, Ohnmacht und Macht bestimmt. Muttersöhne beherrschten nicht nur mittelalterliche Königsthrone und Papststühle, sondern auch neuzeitliche Büros, Armeezentralen und politische Schaltstellen. – Warum aber wollten die Töchter es ihnen partout gleichtun? Es heißt, sie wollten endlich mehr Anerkennung und Geltung. Wie kam es aber dazu, daß »Öffentlichkeit« mehr Anerkennung brachte, männliche Attitüde mehr Geltung? Hatten nicht die Frauen den Männern und ihren Verrücktheiten Anerkennung gezollt, die Helden bewundert und gefeiert, ja sich dem Sieger der Hahnenkämpfe sogar als Preis hingegeben?

Liest man Sigmund Freuds einschlägige Schriften, erhält man darauf Antworten besonderer Art (auch wenn man Freud niemals konkretistisch beim Wort nehmen, sondern stets symbolisch verstehen sollte): »Hinter diesem Penisneid kommt nun die feindselige Erbitterung des Weibes gegen den Mann zum Vorschein, die in den Beziehungen der Geschlechter niemals ganz zu verkennen ist und von der in den Bestrebungen und literarischen Produktionen der ›Emanzipierten‹ die deutlichsten Anzeichen vorliegen.« Der Begründer

der Psychoanalyse spricht vom »sogenannten Männlichkeitskomplex des Weibes« und von dessen »narzißtischer Wunde«.

Woraus also wollten sich die Frauen befreien, wenn sie dem »Patriarchat« den Kampf ansagten? Aus ihrer Heldenverehrung, von ihrer Ausbeutung männlicher Eitelkeit, aus ihrer Versessenheit auf den Stärksten, aus ihrer Unterwürfigkeit, aus ihrer Liebe zum Vater? Hatten sie eventuell früher als die Männer gemerkt, daß die Zeit der Platzhirsche und Rangkämpfe ebenso vorüber sei wie die Zeit der werbenden Weibchen und der sich hinter den Männern verschanzenden Herrscherinnen alter Art? Wollten sie aus der Vaterherrschaft zurück unter die Mutterherrschaft oder wollten sie gar selber Väter anstatt Mütter werden?

2. Das Patriarchat – eine Fiktion

Nun kann man gewiß fragen, was es da zu beneiden gab, wenn Söhne und Brüder sich in Kriegen gegenseitig niedermetzelten, kastrierten und zerstückelten, im gnadenlosen Konkurrenzkampf der Wirtschaft einander übervorteilten und selbst in der Wissenschaft den Kampf der Fußnoten führten. Hatten die Frauen einst dieses zur Perversion neigende Imponiergehabe der Männer keineswegs ohne Sadismus und durchaus liebeshungrig nach dem Sieger schielend aus der Distanz beobachtet, so schienen sie es nunmehr nachahmen oder sich mitten hineinstürzen zu wollen. Sollte der Neid, aus welchem atavistischem Kollektivwahn auch immer er gespeist war, nunmehr dadurch bewältigt werden, daß der genitale Unterschied, der sich auch im Rollenverhalten niedergeschlagen hat, geleugnet wurde? Sollte das fundamentale Leiden an der Getrenntheit und Unterschiedenheit der Geschlechter durch Verdrängung verschwinden? Immerhin kam durch die globale Unsicherheit im Bereich der sexuellen Identität und den Zerfall der Genus-Ordnung ans Licht, was wohl weder den Helden, die »mit Gott für König und Vaterland« auf den Schlachtfeldern starben, noch den Prinzessinnen, die sich anschickten, als Flakhelferinnen an die Front, als Politikerinnen ins Parlament, als Geschäftsfrauen in die Chefetagen und als Theologinnen auf die Kanzeln zu rücken, bisher eingefallen wäre: daß die öffentliche Welt des »Patriarchats« eine Hölle der Angst, ein zerstörerisches Reich der Konkurrenz und ein unbarmherziges Getümmel prinzipieller und zweckrationaler Logik von Siegern und Verlierern war (und ist).

Die Eroberung klassisch patriarchal besetzter Positionen der Gesellschaft durch die Frauen hat also mindestens eines erbracht: eine deutlichere Wahrnehmung der Unfreiheit und Scheinherrschaft manifest patriarchaler, latent jedoch um so kräftiger matriarchal bestimmter Gesellschaftsformen. Was die Frauen da bekämpfen, ist letzten Endes nicht der bösartige Unterdrücker- und Ausbeuter-Mann, sondern seine sich in ihm spiegelnde und ihn ins Feld schikkende stolze Mutter, die still und bescheiden im Hintergrund die Fäden spinnt. Das Patriarchat läßt sich unter diesen Vorzeichen als Reaktion kastrationsgeängstigter Männer auf ein mächtiges Matriarchat begreifen. »Patriarchen« sind Muttersöhne, und ihre Herrschaft ist Mutterschaft. Letzteres übrigens in doppeltem Sinne: Sie ist zum einen Herrschaft der Mütter, zum anderen der Versuch der Söhne, dieser Herrschaft dadurch zu entrinnen, daß sie sich mit ihr identifizieren und an ihre Stelle setzen, um nicht nur ihre Herrschaft, sondern auch noch ihre genitale Potenz zu usurpieren: Patriarchen bauen große Mutterschöße als Klöster, Kirchen, Tempel, Parlamentssäle und Fabriken. Sie bringen gewalttätige Kinder eigener Art hervor: nicht nur Gläubige und Bürger reglementierende Gesetzeswerke, deren Buchstabe tötet (2 Kor 3,6), sondern auch todbringende Industrieprodukte aller Art.

Nun kann man gewiß fragen, ob denn tatsächlich auch in den Kirchen die »große Mutter« herrsche, wo doch die drei Personen des christlichen Gottesbildes nach alter Tradition männlich sein sollen. Aber abgesehen davon, daß die Männlichkeit zumindest des Heiligen Geistes keineswegs »eindeutig gesichert« ist, wird man die Stellung der Marienfrömmigkeit im Leben großer Kirchenfürsten und ihren Einfluß auf deren Politik nicht übersehen dürfen. Gerade der derzeitige Papst ist ein lebendes Beispiel für die Herrschaft des Leitbildes der göttlichen Jungfrau mitten im Herzen der Mutter Kirche, einer Männer-Kirche gewiß, aber gerade deshalb auch einer Mutter-Kirche.

Allerdings könnte man meinen, der protestantische Klerus sei davon weit entfernt, hat er doch mit Marienkult und matriarchaler Ekklesiologie wenig im Sinn. Aber der Schein trügt. Zwar kann man Martin Luthers Biographie und Theologie als von der Vater-Sohn-Problematik beherrscht verstehen, aber das fürsorglich-beschützende, Abhängigkeiten erzeugende, entmündigende und pflegende Verhalten evangelischer Kirchenleitungen, deren einseitiger Verantwortungsbegriff (Verantwortung fast ausschließlich für *andere*) und ein entsprechendes Helfer-Syndrom weisen wie das betulich-pastorale Gehabe weiter Teile der Pfarrerschaft auf starke Mutteridentifikationen hin. Verwöhnung und Gehorsamsethik, Unterwerfung statt Auseinandersetzung, politische List statt offen-direkten Diskurs – das kennt man aus Mutter-zentrierten Familien. Auch das übertrieben starke Engagement für die konventionelle Ehe läßt auf einen Bund mit Hera, der mütterlichen Göttin des häuslichen Herdfeuers und der Bewahrerin der bürgerlichen Ehe, schließen.

Wie kommt es zu solchen patriarchal wirkenden, autokratisch-bemutternden Gestalten und Verhaltensweisen? Was überhaupt hatte die Männer bewogen, diese Welt von Siegern und Verlierern, von Rivalität und Heroismus, von Papalismus und Verwaltungshierarchien so zu gestalten, daß sie von Frauen heute zu Recht inkriminiert werden kann? Hier dürfte ein seelischer Abwehrmechanismus am Werk gewesen sein, den man im Fachjargon »Identifikation mit dem Aggressor« nennt: Die Männer waren ausgezogen aus dem privaten Matriarchat – aus Angst. Und was reproduzierten sie im Land der (Schein-)Freiheit von den Müttern? Angst! Denn, um wiederum an Freud zu erinnern: Wer hat denn »etwas« zu verlieren und ist infolgedessen von Natur aus ängstlicher, Mann oder Frau? Der Mann natürlich, dieser als Held getarnte Feigling, der bereits im Löwenrudel zu beobachtende Eigenschaften phylogenetisch noch immer nicht überwunden hat: Die Weibchen verteidigen die Jungen, die Weibchen jagen die Beute, die Männchen – sehen schön aus und dürfen verhungern, wenn sie nicht mehr zeugungsfähig sind...

Summa summarum: Was aussieht wie ein allgewaltiges Patriarchat, ist in Wirklichkeit nur ein mehr oder weniger gut kaschiertes Matriarchat. *Man kann aber auch das Gegenteil sagen.*

3. Historisierung seelischer Wirklichkeiten

Wenn aber in der Zeit des sog. Patriarchats ein in der Latenz um so mächtigeres Matriarchat regiert zu haben scheint, dann ist nicht nur die gängige These von der überfälligen weiblichen Befreiung aus männlicher Unterdrückung falsch, sondern vielleicht auch die historisierende Perspektive überhaupt, die besagt, einer, manchmal geradezu als paradiesisch verherrlichten, matriarchalen Epoche der Menschheit sei eine geradezu höllisch anmutende patriarchalische gefolgt. Ja, man wird die historisierende Betrachtungsweise generell in Frage stellen dürfen. Die Rede von Matriarchat und Patriarchat ist mythologischer Natur, und man sollte den Mythos nicht voreilig rehistorisieren, auch wenn er historische Reminiszenzen enthalten mag. Man soll ja auch einen Traum nicht mit historischer Wahrheit verwechseln, selbst wenn Tagesreste in ihm unverkennbar sind.

Mit anderen Worten: Ich zweifle an der Berechtigung der, gelegentlich auch von Freud vorgenommenen, Parallelisierung der ontogenetischen und der phylogenetischen Entwicklung. Es läßt sich wohl doch nicht so ohne weiteres von der Biographie eines einzelnen Menschen auf die Menschheitsgeschichte (und umgekehrt) schließen. Unbestreitbar scheint hingegen die Tatsache, daß das Kind zunächst stärker von der Mutter als vom Vater abhängig ist, dann aber einer deutlich wahrnehmbaren »patriarchalen« Phase bedarf, um aus der Symbiose mit der Mutter herauszukommen und schließlich die Abhängigkeit von beiden zu überwinden. Gewiß gibt es komplexe Zusammenhänge zwischen der Entwicklungsgeschichte des Individuums und der des Kollektivs, jedoch können die historischen mutterrechtlichen Gesellschaftsformen in Pflanzerkulturen und die historischen vaterrechtlichen Verhältnisse in Jäger- und Sammlergesellschaften nicht ohne Schwierigkeiten Kategorien für ein populär-feministisches Geschichtsbild liefern.

Mir scheint, die derzeit global auftretende Problematik der sexuellen Identität der einzelnen in der Gesellschaft und einer dazugehörigen Geschlechterrivalität spezifischer Art deutet in der individuellen wie in der kollektiven Dimension einen epochalen Bewußtseinswandel und eine menschheitsgeschichtliche Krise an, die allzu kurzschlüssig interpretiert wären, führte man sie auf die »patriarchalen« Verhältnisse im antiken Orient, im Islam, im Abendland der letzten zwei Jahrhunderte oder auf die patriarchalen Züge der jüdisch-christlichen Tradition zurück. Die alte Genus-Ordnung löst sich auf, sexuelle Gleichmacherei wird (und soll) aber trotzdem eine Utopie bleiben. Vor einer völligen Entsexualisierung, von der geplagte Heilige und gelegentlich auch schon das Neue Testament (Mt 22,30) träumten, bewahre uns der Himmel!

4. Schluß mit den »-archaten«!

Was allerdings Geschichte gemacht und, wenn vermutlich auch primär intrapsychischen Ursprungs, katastrophale Folgen für Leib und Seele der Gemeinschaft wie des einzelnen gehabt hat, ist die

Wahrnehmungskategorie von Herrschaft, jene der anal-sadistischen Entwicklungsstufe zugehörige infantile Perspektive, die, ins Erwachsenenleben transferiert, nur Oben und Unten, Herrschen und Dienen, Unterliegen und Siegen zu denken vermag, ohne die Dialektik der jeweiligen Begriffe zu realisieren, daß nämlich z. B. durch Dienen massive Herrschaft, durch Unterliegen massiver Sieg und durch Unterwerfung massive Überlegenheit kaschiert und ausgeübt werden können.

Wer heute die Geschichte der Beziehungen der Geschlechter und damit die Geschichte der Liebe in der Kategorie der »-archate« zu verstehen sucht, setzt das destruktive, weil überholte alte Denkschema fort, das den Krieg für die Mutter oder den Vater aller Dinge hält. »-archate« führen Krieg um Territorien, »-archate« kämpfen um die Vorherrschaft. Außen kommt dann vor Innen, Waffen und Medikamente kommen vor personaler Energie und seelischer Kraft.

Der feministische Protest richtet sich gegen Männer, die sich Frauen unterworfen haben und selbst in tyrannischer Gewalt gegen Frauen noch Muttersöhne sind, und er richtet sich damit gegen Frauen, die ihr Frausein im externalisierten Mann, im Sohn – im wörtlichen und übertragenen Sinne –, realisieren und zur Vollendung bringen wollen. Schließlich bekämpfen emanzipatorisch engagierte und ihre Aggressivität auf die Männer richtende Frauen möglicherweise auch sich selbst, jenen Teil ihrer eigenen Persönlichkeit nämlich, den sie bei sich nicht zulassen und wahrnehmen können, den sie an die Männer delegiert und ihnen überlassen haben, in dieser entfremdeten Form nun aber vollends negieren müssen. Außerdem sollte nicht verkannt werden, daß Aggressivität meist auf Dinge gerichtet ist, die in irgendeiner Weise als erobernswert und last not least liebenswert erscheinen.

Geht es darum, das Paradigma der »-archate« zu verlassen, dann wird man nicht länger davon reden können, daß die Befreiung mutiger Frauen die Emanzipation ängstlicher oder trotziger Männer erzwinge, man wird auch nicht länger behaupten, die Geschlechter unterdrückten einander entweder ein- oder auch gegenseitig. Mutige Frauen und Männer werden hingegen alles tun, sich ihrer gegenseitigen Angst, der Kehrseite ihrer gegenseitigen Begehrlichkeit, zu stellen und auf der Basis des Abbaus von Vorurteilen und Schuldzuweisungen neue Formen des Kontakts und des konstruktiven Streits zu erproben. Weder das Schema Herrschaft–Unterwerfung noch das Schema Gewalt–Sanftheit sind dazu geeignet, den notwendigen Fortschritt im Umgang der Geschlechter miteinander zu ermöglichen. Es geht auch nicht um einen Kompromiß nach dem Motto »Seid nett zueinander!«, der den Frauen Aggressivität und den Männern ihre Zärtlichkeit entzöge. Es geht vielmehr um den *Kampf der Liebe*.

Ja, ich spreche hier ganz positiv vom Geschlechterkampf: Er soll wieder offen und individuell geführt werden, anstatt mit den Waffen kollektiven Ressentiments und gemeinschaftlicher Pauschalurteile. Individualisierung bedeutet in diesem Zusammenhang nicht Privatisierung nach dem Motto »Trautes Heim, Glück allein!«, sondern persönliches Hervorkommen hinter den Kulissen kollektiver Schuldzuweisungen, Übernahme biographischer Eigenbeteiligung und konkreter individueller Verantwortung in der Auseinandersetzung zwischen tatsächlichen Einzelpersonen, Frauen und Männern, die es gibt und die einen Namen haben, mit denen man sprechen und die man zur Rechenschaft ziehen kann.

Da lerne ich in der Seelsorge streitbare Feministinnen kennen, die nach anfänglichem Zögern von nichts anderem träumen als eben von diesem »trauten Heim«: Kein Wunder, daß sie wenigstens öffentlich das Gegenteil verkünden müssen! Da begegnen mir kämpferische Damen, die, in ihrer Jugend umschwärmt, Männer jetzt nur noch durch politische Gremienarbeit um sich scharen können und sie dort um so heftiger provozieren: Kein Wunder, wenn sie auch noch den Vorsitz anstreben und entsprechende Verlautbarungen – selbstverständlich ganz grundsätzlicher Art und unter Absehung von ihren höchstpersönlichen Interessen – publizieren! Da protestieren Teilnehmerinnen eines Homiletik-Seminars, weil sie in der Predigt des Kommilitonen »nicht vorgekommen« seien, denn dieser habe die Anrede des Bibeltextes »Liebe Brüder!« nicht um »und Schwestern« erweitert: Wen wundert's, daß diese Frauen sofort klein beigeben, als der Professor etwas energisch, ohne jegliche Argumente und fälschlicherweise (nur, um die Debatte nicht auf ein Seitengleis abrutschen zu lassen) erklärt, das biblische »Brüder« schließe selbstverständlich das »Schwestern« ein!

Und die Männer? Sie begreifen ohnedies nicht, daß sie mit den Frauen kämpfen sollen. Man (frau!) hat ihnen beigebracht: »Mit Schwestern schlägst du dich nicht!« Mamis Liebling soll sich nicht mit anderen Frauen einlassen, sondern seine Energie ihr allein zuwenden. Den Kampf der Geschlechter, der zur Liebe gehört, hat er nicht gelernt: Er soll »mit Papa kämpfen«, der ist ohnehin langweilig und wird durch den aufmüpfigen Sohn vielleicht wieder munter.

Auch mit den Brüdern ist Kampf erlaubt – »aber draußen auf dem Rasen«. So treten öffentliche Rivalität und schale Häuslichkeit auseinander, aber auch Kampf unter Männern und Bravheit gegenüber Frauen. Was not tut, ist eine neue Kultur des Geschlechterkampfes. An die Stelle der »-archate« von Mutter und – soweit überhaupt vorhanden – Vater muß die Auseinandersetzung der Geschwister und Peers treten. *Diese* Emanzipation aus der Familiensituation wird benötigt, anstatt daß Töchter (mit unsichtbarem Vater im Hintergrund) und Söhne (mit unsichtbarer Mutter im Hintergrund) gegeneinander antreten. Diese Emanzipation muß von den einzelnen im Zusammenhang der Aufarbeitung ihrer jeweiligen konkreten Biographie geleistet werden. Daß diese individuelle Emanzipationsleistung auch einen kollektiven und insofern gesamtgeschichtlichen Aspekt hat, wird man – erst dann! – freilich kaum bezweifeln dürfen. Wogegen ich mich wende, das sind jedoch die vorschnelle Entzeitlichung und Kollektivierung individueller Schwierigkeiten, der Mißbrauch kollektivhistorischer Hypothesen zur Abwehr eigener Emanzipationsschwierigkeiten und das Abschieben persönlicher Verantwortung für den eigenen »Liebesfrust« durch den Kampf im entpersonalisierten Kollektiv gegen entpersonalisierte Strukturen und sexistisch entindividualisierte »-archate«. Der Kampf der Liebe, so sehr er das Kollektiv betrifft, ist von den einzelnen zu leisten.

Mit rücksichtsvoller Schonung hat er unter Umständen genausowenig zu tun wie mit einfühlsamer Verführung, mit Frieden um jeden Preis genausowenig wie mit Krieg, wenn Einsicht nicht zu erzielen scheint, mit intellektueller Verständigung genausowenig wie mit taktischem Aushandeln, mit verabsolutierter Passivität genausowenig wie mit verabsolutierter Aktivität, mit Zimperlichkeit genausowenig wie mit heldischen Kraftakten. Der Kampf der Liebe gelingt nur, wenn sich die Partner selber genauso ernst nehmen wie ihr Gegenüber, wenn sie Freiheit und Abgrenzung genauso wagen wie Hingabe und Auslieferung, wenn sie bereit sind, auf institutionelle Sicherungen ebenso zu verzichten wie auf, das Wagnis der Treue untergrabende, Beziehungsexperimente zur scheinbaren Stärkung der eigenen Identität. Der Kampf der Liebe glückt nur, wenn Wahrhaftigkeit und Verbindlichkeit, Leidenschaft und Nüchternheit, faszinierter Anfang und trauriger Abschied, Vereinzelung und Gemeinschaft in Schmerz und kaum zu ertragender Erfüllung riskiert, wenn aber auch Verzweiflung und Angst, Wut und Enttäuschung zugelassen werden. Ohne Schuld wird es dabei nicht abgehen, und eine freundliche Bitte um »Entschuldigung« entlastet dabei kaum. Vergebung als Basis dieses Kampfes zielt wohl auf mehr. Die Liebe ist teuer.

Zusammenfassung

Ich wandte mich in diesem Aufsatz gegen die ideologische Gleichsetzung von Liebe und Konfliktvermeidung, die dazu führt, daß der Geschlechterkampf entpersonalisiert und u. a. durch kollektive gegenseitige Schuldzuweisungen geführt wird. Wer wie viele Frauen (und auch wie mancher kuschende Mann) immer noch einer Befreiung vom »Patriarchat« das Wort redet und dabei übersieht, daß diese Befreiung entweder eine Befreiung vom Matriarchat einschließt oder in den bekämpften »patriarchalen« Strukturen und Denkschemata hängenbleibt, ist eine Vatertochter, ein weiblicher Patriarch bzw. eine patriarchale Frau. Wer wie viele Männer (und wie manche kuschende Frau) immer noch einer Aufrechterhaltung von Hierarchie und Verwaltung, Gehorsamsethik und Konkurrenzkampf das Wort redet und dabei übersieht, daß dieser Konservatismus weiblichem und männlichem Herrschaftsdenken und damit der Zementierung des Modells einer Kleinfamilie mit unmündigen Kindern dient, ist ein Muttersohn, eine männliche Matriarchin bzw. ein matriarchal geprägter Mann.

Es bleibt uns wohl nichts übrig, als von allzu Vertrautem Abschied zu nehmen, als Frauen oder Männer einander mit deutlicherem Unterscheidungswillen gegenüberzutreten und uns kämpferisch-liebevoll aufeinander einzulassen. Das dürfte kein harmloser Plausch bei Kaffee und Kuchen, aber auch keine orientierungslose Sauf- und Sexfete, sondern eine ganz schön »stressige« Arbeit werden.

Literaturhinweise:

H. Barz, Männersache. Kritischer Beifall für den Feminismus. Stuttgart (Kreuz) 1984

Barbara Beuys, Familienleben in Deutschland. Reinbek (Rowohlt) 1980, 219ff.

E. H. Erikson, Der junge Mann Luther. Reinbek (Rowohlt) 1970

S. Freud, Sexualleben, Studienausgabe Bd. V. Frankfurt 1972, 225 u. 261

E. S. Gerstenberger, Jahwe – ein patriarchaler Gott? Stuttgart (Kohlhammer) 1988

I. Illich, Genus. Zu einer historischen Kritik der Gleichheit. Reinbek (Rowohlt) 1983

M. Josuttis, Der Traum des Theologen. Aspekte einer zeitgenössischen Pastoraltheologie 2. München (Kaiser) 1988, 151 ff.
A. Lorenzer, Das Konzil der Buchhalter. Frankfurt (Europäische Verlagsanstalt) 1981, 138 ff.
A. Mitscherlich, Auf dem Weg zur vaterlosen Gesellschaft. München (Piper) 1970
Ch. Olivier, Iokastes Kinder. Die Psyche der Frau im Schatten der Mutter. Düsseldorf (Claassen) ^{6}1988, 29 ff.
V. E. Pilgrim, Der Untergang des Mannes. Reinbek (Rowohlt) 1986
Ders., Muttersöhne. Düsseldorf (Claassen) ^{2}1988
K. G. Rey, Das Mutterbild des Priesters. Zürich (Benziger) 1969
D. Stollberg zwischen Eigenliebe und Nächstenliebe. Selbständig, frei und verantwortlich, in : H. Meesmann (Hg.), Zwischen Lust und Last. Mit Gegensätzen leben. Freiburg (Christophorus) 1988, 175–185. Vgl. in diesem Buch S. 20–27.
E. Thieme, Sehen Sie das auch so? Soziales Pflichtjahr für Frauen. In: Kind und Umwelt. Fellbach- Oeffingen (Bonz) 1988/60, 35–37
E. Vilar, Der dressierte Mann. München (Caann) 1971 (dtv 949, München 1973)

Der Mensch ist das Wesen, das den Menschen übersieht.

Friedrich Heer

Wir haben die Pflicht, für das Recht des anderen, des Benachteiligten und Bedrängten, entschieden und kompromißlos Partei zu ergreifen gegen alles, was die Würde des anderen, seine Entfaltung und Freiheit und Freude zu leben beeinträchtigt, verletzt. Solche Parteinahme wirkt auf uns selbst zurück und verändert unseren eigenen Lebensstil; sie führt uns auch zwischen alle Fronten: ein entschiedenes Eintreten für die Schwächeren wird mißdeutet oder wider besseres Wissen verunglimpft. Das darf nicht daran hindern, den Verletzer, den Unterdrücker, den, der auf der anderen Seite steht, dennoch »mit ganzem Herzen zu suchen«, ihn weder zu hassen noch zu verfluchen. Niemand darf aufgegeben werden.

Kurt Scharf

Lieben heißt: Das Leben lieben und die Liebe leben.

Franz Alt

Friedemann Oettinger

Ganz viel Liebe

I Am größten – am besten

Er ist der beste Kinderaufpasser der Welt. Der beste Tortenesser der Welt. Der beste Streichemacher der Welt: Karlsson vom Dach, in Astrid Lindgrens gleichnamigem Kinderbuch.

Seine freundlich-schrullige Selbstüberschätzung stört nicht Karlssons und auch keines anderen »großen Geist«. Karlsson vom Dach kommt eher einem elementaren Bedürfnis entgegen und befriedigt es auf seine Weise: Wo ist, wer verkörpert die letzte, nicht mehr hinterfragbare Autorität?

»Papa, kannst du am besten Klavier spielen auf der ganzen Welt?« fragt unsere Tochter.

Sie will es, sie muß es einfach wissen.

Papa kann nicht, natürlich.

Doch für sie bleibt es dabei, vorerst.

Einer, glaubt sie, muß es doch am besten können.

So wäre die Welt in Ordnung – ihre Welt.

Er wird sich entblättern, der Glaube, wenn er in die Jahre kommt...

II Das größte Gebot

Nach offizieller Zählung kennt das Judentum sechshundertdreizehn biblische Gebote [1].

Die Frage, welches das größte, welches das höchste sei, ist fast so alt wie das Judentum selbst.

Eines muß doch das größte sein, eines muß doch die Thora auf das Wesentliche, »auf den Punkt« bringen. In aller Kürze, in einem Satz womöglich.

Dieser Glaube mit seiner Fragestellung hat Bestand durch die Geschichte hindurch. Er drängt in kein Guinness-Buch der Rekorde, sondern zielt auf Praxis. Praxis pietatis, »life and work«.

»Es kam einmal ein Heide zu Schammai und sagte zu ihm: ›Bekehre mich zum Judentum unter der Bedingung, daß du mich die ganze Torah lehrst, während ich auf einem Fuß stehe.‹

Mit einem Zollstock in der Hand warf Schammai ihn sofort hinaus.

Der Heide ging dann zu Hillel und wiederholte seinen Wunsch: ›Bekehre mich zum Judentum unter der Bedingung, daß du mich die ganze Torah lehrst, während ich auf einem Fuß stehe.‹

Hillel nahm ihn ins Judentum auf und belehrte ihn wie folgt: ›Was dir verhaßt ist, tue auch deinem Nächsten nicht an. Das ist die ganze Torah. Alles weitere ist Kommentar dazu. Geh hin und lern ihn!‹« (nach b. Schabbath 31 a)

Der »liberale« Hillel, im Gegensatz zum »gestrengen« Schammai, empfindet das Ansinnen des Heiden nicht als anstößig. Es stört ihn nicht, wenn gleichsam die Dogmatik zum Kommentar der Ethik wird, anstatt – Theologenehre! – umgekehrt.

Hillel gibt Antwort.

Die Hebräische Bibel selbst tut es auch, in mancherlei Gestalt[2].

Für die vorwiegend jüdischen Verfasser des Neuen Testaments, auch außerhalb der synoptischen Streitgespräche (Paulus!), bleibt die Frage nach dem größten Gebot ein legitimes Ansinnen und wird vielfach aufgegriffen[3].

Die Antwort weist stets in ähnliche Richtung, in beiden Testamenten: »Liebe« ist offenkundig das, was den Willen des einen Gottes unmittelbar und kompetent kristallisiert.

»Alles weitere ist Kommentar dazu.«

III Mit ganzer Seele

Liebe, sie allein, begründet, umgreift und erfüllt in einem die Thora Gottes. Erfüllt sie dort, wo sie gelebt wird, und zwar »mit ganzem Herzen, ganzer Seele, ganzer Kraft«.

»Mit deiner ganzen Seele...«:

»Rabbi Akiba hatte Hadrians Verbot des Torahlehrens nicht befolgt und wurde zum Märtyrertod verurteilt. Als er in der Anwesenheit des bösen Tinneius Rufus gefoltert wurde, kam die Stunde, das ›Höre Israel‹ (Deuteronomium 6,4–9) zu sprechen. Er sprach es und lächelte.

Der römische Beamte schrie ihn an: ›Alter Mann! Wie kannst du bei deinen Schmerzen lächeln? Du bist entweder ein Zauberer, oder du spottest deiner Leiden.‹

Akiba antwortete: ›Ich bin kein Zauberer, und ich spotte meiner Leiden nicht. Aber mein Leben lang habe ich die Worte gesprochen: »Du sollst den Herrn, deinen Gott, lieben mit deinem ganzen Herzen und deiner ganzen Seele und deinem ganzen Vermögen«, und ich war traurig, wenn ich daran dachte, wie ich denn Gott mit meiner ganzen Seele lieben könne. Ich habe Gott mit meinem ganzen Herzen und mit meinem ganzen Vermögen geliebt. Doch war mir nicht klar, wie ich Ihn auch mit meiner ganzen Seele lieben könne. Jetzt, wo ich meine Seele aufgebe und die Stunde des »Höre Israel« gekommen ist und wo ich bei meinem Entschluß bleibe – soll ich da nicht lächeln?‹

Als er so sprach, verließ ihn seine Seele.« (nach p. Berakhoth IX,7, ed. Krotoschin, p. 14b)

Wie Rabbi Akiba, so verbindet auch die markinische Version des Doppelgebots (Mk 12,29ff.) dieses mit dem alten »Höre Israel« und unterstreicht damit den ganz hohen Stellenwert beider Gebote.

Weit zurück in die jüdische Tradition greift aber auch die Verknüpfung des Gebots der Gottesliebe mit dem der Nächstenliebe (Leviticus 19,18).

Es kann nicht die Rede davon sein, daß die »Nächstenliebe« so etwas wie ein christliches Pendant oder Gegenstück zum jüdischen Gebot der Gottesliebe und dem Judentum daher eher fremd sei.

Diese noch heute in kirchlichen Kreisen gelegentlich vertretene Einschätzung widerspricht jüdischem Denken diametral und erscheint mehr als trauriger Ausdruck eines noch längst nicht bewältigten christlichen Anitjudaismus[4] – Reste einer Arroganz der Macht im Mantel der sogenannten »christlichen Liebe«, sekundiert von dem Bewußtsein, eine doch irgendwie defizitäre Religion – die jüdische – hinter sich gelassen zu haben.

Nein: Gottesliebe und Nächstenliebe, beides für Juden und Christen sowenig voneinander zu trennen wie miteinander zu identifizieren[5], jene Liebe in ihrer »fröhlichen Grundlosigkeit«[6] – daran hangen »das Gesetz und die Propheten« nicht mehr und nicht weniger als der Glaube, der »mit ganzem Herzen, ganzer Seele und ganzer Kraft« gelebt wird.

Was hingegen Ausleger immer wieder beschäftigt, ist der Passus, der aus dem Doppelgebot quasi ein »Dreifachgebot« macht: liebe Gott und deinen Nächsten so, *wie du dich selbst liebst!*

IV Selbstliebe

Die Alten haben's gewußt und keineswegs als befremdlich eliminiert: Selbstvertrauen, Selbstachtung, Selbstliebe als natürliches Essential im Doppelgebot. Augenzwinkernde Selbstironie hat dem keinen Abbruch getan:

»Dein Wille ist's, o Gott!
ich soll mich selber lieben,
O laß mich diese Pflicht
nach deiner Vorschrift üben,
Und schränke selbst den Trieb,
froh und beglückt zu sein,
Den du mir eingepflanzt,
in heil'ge Gräntzen ein.«

(*Lieder für den öffentlichen Gottesdienst, hrsg. v. J. J. Spalding, 1780, S. 213*)

Schon lange zuvor (Tertullian, Thomas von Aquin, Augustin, Johannes Chrysostomus) und auch noch viel später (Kierkegaard!) hat sich keiner gestoßen an dem, was nicht erst heute jeder Psychologe oder Pädagoge weiß: Mit Menschen in Kontakt treten, kommunizieren, sie beraten, ihnen helfen vermag nur, wer mit sich selbst halbwegs einig ist, wer sich selbst nicht die Achtung, die Liebe verweigert, die er anderen zukommen läßt und lassen soll.

Im Gefolge Calvins war es (leider) Karl Barth vorbehalten, an dieser Stelle recht steril, auch humorlos zu argumentieren.

Du sollst, meint Barth sinngemäß, als Einer, der leider dazu neigt, sich selbst zu lieben, *statt dessen* den Nächsten lieben – und damit überhaupt erst zu lieben *beginnen*, wo du *aufgehört* hast, dich selbst zu lieben[7].

Ein »Kardinalirrtum« sei sie, die Selbstliebe[8], so als wäre es nicht geradezu ein Grunddefekt seelisch kranker oder labiler Menschen, eben sich selbst *nicht* zu mögen, *nicht* zu achten oder gar zu lieben. Das humanwissenschaftliche Defizit der dialektischen Theologie läßt einen frösteln und viele zu Schlußfolgerungen gelangen, die den Erfahrungen Tilmann Mosers in seinem Buch »Gottesvergiftung« nahekommen[9]. Schade.

V Noch ein Doppelgebot

Die kirchliche Tradition kennt noch eine weitere »Doppelgebot«-Version – mit problematischeren Folgen noch als denen der verdrängten Selbstliebe:

»Fürchte Gott, ehre den König!«

So steht es im ersten Petrusbrief (2,17).

Da scheint es eine fatale Hierarchie zu geben, mit dem Monarchen an der Spitze – im Munde Jesu noch undenkbar: »Ehrt jedermann, habt die Brüder lieb, fürchtet Gott, ehrt den König!«

Nicht bloß, daß die Liebe in dieser Paränese ganz unjüdisch relativiert ist – der »Nächste« wird auf den »Bruder« (also den Mitchristen) reduziert, der zu lieben ist, und an dessen Seite, nein: über ihn, tritt der König, der (vermutlich bedingungslos) zu ehren ist.

Liebe ist zu einer Sekundärtugend herabgesunken – einer Verhaltensweise zur Regelung innerchristlicher Angelegenheiten.

Nun: Kaiser, Könige und Obrigkeiten zu ehren – diesem Gebot ist die Christenheit sattsam nachgekommen, oft bis zur Karikatur ihrer selbst.

»Fürchte Gott, ehre den König!« – aus diesem »Doppelgebot« ist zeitweise, bis in unser Jahrhundert hinein, stillschweigend eine Art »parallelismus membrorum« entstanden, den sich Obrigkeiten konsequent zunutze machten: Gottesfurcht und Monarchenehre überstrahlen alles, gelten als nahezu identisch. Politischer Widerstand ist immer zugleich auch Häresie!

Was Wunder, daß Kirchenführer und weltliche Herrscher einander so innig zugetan waren und es oft noch bis heute sind.

Was Wunder, daß die Demokratie in der Kirche so selten einen Fürsprecher besaß. Wer sägt schon gerne an dem Ast, auf dem er doch sitzt...

Zur Zeit des Faschismus hat die V. Barmer These (spät, wahrscheinlich zu spät) eine vorsichtige Kurskorrektur einzuläuten versucht:

»Fürchtet Gott, ehret den König! (1 Petr 2,17) Die Schrift sagt uns, daß der Staat nach göttlicher Anordnung die Aufgabe hat, in der noch nicht erlösten Welt, in der auch die Kirche steht, nach dem Maß menschlicher Einsicht und menschlichen Vermögens unter Androhung und Ausübung von Gewalt für Recht und Frieden zu sorgen. Die Kirche erkennt in Dank und Ehrfurcht gegen Gott die

Wohltat dieser seiner Anordnung an. Sie erinnert an Gottes Reich, an Gottes Gebot und Gerechtigkeit und damit an die Verantwortung der Regierenden und Regierten. Sie vertraut und gehorcht der Kraft des Wortes, durch das Gott alle Dinge trägt.

Wir verwerfen die falsche Lehre, als solle und könne der Staat über seinen besonderen Auftrag hinaus die einzige und totale Ordnung menschlichen Lebens werden und also auch die Bestimmung der Kirche erfüllen. Wir verwerfen die falsche Lehre, als solle und könne sich die Kirche über ihren besonderen Auftrag hinaus staatliche Art, staatliche Aufgaben und staatliche Würde aneignen und damit selbst zu einem Organ des Staates werden.«

(Erste Reichssynode der Bekennenden Kirche in Barmen, 31. Mai 1934)

Hier hatte sich (zum Glück) Karl Barth mit seinen Bundesgenossen gegen innerkirchlichen Widerstand – hauptsächlich von lutherischer Seite – durchsetzen können: eine höhere Würde als die, »göttlicher Anordnung« zu folgen, darf keine Staatsmacht, darf keiner ihrer Repräsentanten sich anmaßen.

Der damalige (noch heutige?) Ärger und Widerspruch vieler Lutheraner traf jenen Begriff der bloßen »Anordnung« im Barmer Wortlaut, der es ausdrücklich dem Staat verweigert, sich als Teil der Schöpfungsordnung Gottes zu verstehen – um entsprechend Ehrfurcht und letzte Autorität für sich zu reklamieren, die jede denkbare politische Option für die Staatsführung offenhält und unantastbar macht.

Wie ermutigend, daß ein Bundespräsident im Nachkriegsdeutschland (der verstorbene Gustav Heinemann) einst sagen konnte: »Ich liebe nicht den Staat, ich liebe meine Frau!«

Wo da die Gottesliebe bleibt?

Vielleicht würde Hillel sagen:

»Das ist der Kommentar dazu...«

Anmerkungen

1 Peter von der Osten-Sacken: Katechismus und Siddur – Aufbrüche mit Martin Luther und den Lehrern Israels, in: Veröffentlichungen aus dem Institut Kirche und Judentum, Bd. 15. Berlin/München 1984 S. 86

2 z. B. Ps 15; Ps 24,3 ff.; Jes 33,14 f.; Mich 6,8; Prov 3,6 u. ö.

3 z. B. Gal 5,14; Röm 13,9 f.; 1 Thess 4,9; Jak 2,8 u. ö.

4 vgl. auch von der Osten-Sacken, a. a. O. S. 89 f.

5 vgl. Karl Barth, KD I, 2,479 – auch gg. Rudolf Bultmann; zur exeget. Problematik des Doppelgebots vgl. Friedemann Oettinger: Gottesbild und Gottesdienst – Gedanken zur Gottesfrage in der Versammlung des Leibes Christi, in: Arbeiten zur Pastoraltheologie, Bd. 17. Göttingen 1979, S. 221
6 vgl. Karl Barth, KD IV, 1,116
7 vgl. Karl Barth, KD I, 2,499 ff.
8 ders. ebd. S. 427
9 Tilmann Moser: Gottesvergiftung. Frankfurt am Main 1976

Dem Satz »Liebe deinen Nächsten wie dich selbst« könnte der Satz gegenübergestellt werden: »Vergrößere den Nutzen für deine Umwelt, und du wirst dich unter der dadurch wachsenden Anziehungskraft und Nachfrage selbst am besten entwickeln.« Natürlich ist diese Empfehlung nicht entdeckt worden, um ein möglichst »moralisches« Wirtschaftssystem anbieten zu können, vielmehr um den einzelnen Menschen und das einzelne Unternehmen erfolgreicher zu machen... Während das primär gewinnorientierte Verhalten, je länger desto zwangsläufiger, zu einer »negativen Aufladung« der Umwelt führt, hat dieses primär umweltnutzenorientierte Verhalten eine »positive Aufladung« zur Folge. Es schließt jeden gegen die wohlverstandenen Interessen der Umwelt erzielten Gewinn aus, vergrößert die Markttransparenz und zwingt dadurch auch die Konkurrenten zu einem ähnlich positiven Verhalten...

Hans Martin Schmidt

Wirtschaftliche Entscheidungen finden im magischen Dreieck zwischen Individualethik, Sozialethik und Sachzwängen statt... Wer zum Beispiel die Sachzwänge, die durch Technik, Organisation und die Mechanismen des Marktes gegeben sind, absolut setzt, löst das Mensch-Sein des Menschen in die Rolle des Funktionsträgers auf, macht aus Betreibern Getriebene und vertritt einen ethiklosen Determinismus. Es gibt nicht nur Verantwortungs- und Entscheidungsspielräume, die nicht von Mechanismen determiniert sind, sondern sogar die Marktmechanismen selbst können ohne ethische Disziplin nicht funktionieren, was durch Korruption, Vetternwirtschaft und bürokratische Ineffizienz in den Entwicklungsländern immer wieder veranschaulicht wird.

Klaus Lefringhausen

Ingrid Weng
Gottesliebe contra Nächstenliebe

Vom Anachronismus des Zölibats

I »Tu das, so wirst du leben.«

»Tu das, so wirst du leben«, antwortet Jesus dem Schriftgelehrten. Der hatte den mit Jüngern umherziehenden und predigenden Jesus aus Nazareth gefragt, was zu tun sei, um das künftige Leben zu erlangen. Rückfrage Jesu: Wie steht es denn in der Thora? Und er zitierte, was jeder Schriftgelehrte auswendig wußte: »Du sollst den Herrn, deinen Gott lieben von ganzem Herzen, von ganzer Seele, von allen Kräften und von ganzem Gemüt, und deinen Nächsten wie dich selbst.« So finden wir es im Lukasevangelium als Einleitung zum Gleichnis vom barmherzigen Samariter (Lk 10,25–37). »Tu das, so wirst du leben!«

Im Markus- und Matthäusevangelium ist es beide Male Jesus, der auf die Frage nach dem obersten Gebot selbst antwortet, wie es der Thora (5. Mose 6,4.5 und 3. Mose 19,18) entspricht (Mk 12,28 ff.; Mt 22,35 ff.). Und vermutlich war das in den Ohren von Schriftgelehrten nicht einmal eine neue oder überraschende Antwort. So verstanden wohl viele Juden damals zusammengefaßt den Willen Gottes. Bei den verwirrend vielen Einzelvorschriften ließ sich so eine bündige Mitte ausmachen und die in manchen frommen Kreisen sicher Blüten treibende Paragraphen-Frömmigkeit korrigieren. Jesus stellte sich mit seiner Antwort auf die Seite jener Juden, die zwischen der Gottesliebe und der Liebe zu den Menschen einen unauflöslichen Zusammenhang sahen. Wie er im Zusammenhang mit Sabbatvorschriften daran erinnerte, daß der Sabbat für den Menschen da sei, so unterstrich er auch hier, daß das Gesetz für den Menschen und nicht der Mensch für das Gesetz dazusein habe. Aus der Gottesliebe kann man kein Gesetzbuch machen, dessen Einzelvorschriften die Liebe unter Menschen gefährden oder verbieten würden. »Tu das, so wirst du leben!« Die Mitte des Gesetzes ist Anstiftung zur Lebensfreude.

II Liebe als Lebensraum

Seit es im jüdisch-christlichen Raum die Verbindung von Gottesliebe und Nächstenliebe gibt, seit sie für die Christen evangelischer Maßstab ist, können Gott und Mensch nicht mehr gegeneinander ausgespielt werden. Gottesliebe auf Kosten der Mitmenschen – *nein!* Und umgekehrt ebenso. Gott, Mensch und Mitmensch gehen in der Liebe eine Einheit ein, die unsere horizontalen Verhältnisse verknüpft mit der Vertikalen: Liebe als Lebensraum. Und doch sind Gottes- und Menschenliebe nicht dasselbe. Die Liebe zu Gott ist Liebe zu einem, der keinen Konkurrenten duldet: Menschen, die sich vergöttern lassen und sich als kleinere oder größere Herrgötter aufspielen, dürfen die Liebe nicht vereinnahmen, die nur Gott zukommen kann. Gott sucht – und schenkt ja – die ungeteilte Liebe, aus der unsere Liebe zu den Menschen Kraft bezieht. Kommt die Liebe, die wir aus der Gottesbeziehung empfangen, nicht beim »Nächsten« an, halten wir sie zurück, um sie nur in uns aufzusaugen, so kehren wir sie in Lieblosigkeit um. In der Liebe zu Gott erfahre ich, daß ich angenommen bin, so wie ich bin: Ich lerne, mich selbst zu lieben. Das macht mich frei, meinen Nächsten zu lieben *wie mich selbst*. Der Nächste ist der mir im Augenblick nahe Mensch: Nicht nur der Nachbar, auch die Familienmitglieder, auch mein Partner, auch der Fremde, auch der Feind, auch der Fernste – jeder, dem meine Nähe begegnen kann und der mich braucht.

III Gottesliebe und Sexualität

Stört Sexualität die Liebe zu Gott? Aus der Religionsgeschichte kennen wir zahlreiche Antworten auf diese Frage:

* Ja, sie stört, weil sie Bereich des Dämonischen ist. »Sex ist schmutzig.« Die Verbindung zu(r) Gott(heit) soll rein bleiben.
* Ja, sie stört, weil sie Kräfte entzieht, die der Verbindung zu(r) Gott(heit) zugute kommen sollen. »Sex macht schwach.«
* Ja, sie stört, weil die Seele höher steht als der Leib. »Sex ist unter der Gürtellinie.«
* Ja, sie stört, weil Hingabe an Gott die Hingabe an Menschen ausschließt. »Sex frißt auf.«
* Nein, sie stört nicht, weil auch Sexualität eine Gottesgabe ist. »Sex gehört zum Leben.«
* Nein, sie stört nicht, weil es das Heilige nur im Profanen gibt. »Sex ist normal.«

* Nein, sie stört nicht. Im Gegenteil, sie ist Möglichkeit zur Lebensfreude. »Sex macht Spaß.«
* Nein, sie stört nicht, weil Gott auch für künftige Generationen da sein will. »Ohne Sex keine Kinder.«
* Nein, sie stört nicht. Im Gegenteil: Sie ist Abbild der Liebe Gottes zu den Menschen. »Sex ist etwas Besonderes.«

Die Religionsgeschichte zeigt, wie widersprüchlich vom Verhältnis »Sexualität und Religion« gesprochen werden kann. Sie liefert keine Entscheidungshilfe.

IV Interessante Allianz

Über den Grund für priesterliche Enthaltsamkeit in der orientalischen Kirche des Altertums schreibt einer der schärfsten Kirchenkritiker unserer Zeit, Karlheinz Deschner: »Die fast übermenschliche Entsagung sollte dem Geistlichen mehr Ansehen verschaffen beim Volk, sollte ihn glaub- und ehrwürdiger erscheinen lassen, als ein Idol, eine himmlische Führer- und Vaterfigur gleichsam, zu der man aufsah und von der man sich eben deshalb auch beherrschen ließ – ein erst heute im vollen Abbau begriffenes Priesterimage.« (»Das Kreuz mit der Kirche. Eine Sexualgeschichte des Christentums.« Econ Verlag Düsseldorf/Wien, Neuausg. 1987, S. 155)

Deschner zur heutigen Zölibatskritik aus katholischen Kreisen: »Gefährlicher indes als die antiquierten Predigten der Zölibatspatrone sind die Argumente ihrer Gegner. Denn steigt der Priestermangel weiter – durch kritische Aufklärung..., dann gibt Rom, zu seinem abermaligen Vorteil, gewiß ein Institut preis, mit dem es so viele Jahrhunderte hindurch regiert, mit dem es Generationen (nicht nur) von Klerikerfamilien ins Elend gerissen hat und Ungezählte in lebenslange Heuchelei.« (ebda. S. 180) Deschner befürwortet den Zölibat, damit Rom möglichst unglaubwürdig wird und die Katholiken ihrer Kirche davonlaufen. Eine interessante Allianz: Kurienkardinäle neben Karlheinz, dem Ketzer!

V Griechisch-römische Leibfeindlichkeit

Besonders katholische Theologen haben sich in jüngster Zeit um die Sichtung biblischer und historischer Traditionen zur Frage der Sexualität verdient gemacht. Zwei Beispiele:

»Bei aller grundsätzlichen Leibfreundlichkeit, vor allem des Alten Testaments, stellt die Bibel das Sexualverhalten weitestgehend in die Eigenverantwortung des Menschen. Der Staat hat die Aufgabe, durch Gesetze den Einzelnen und die Gesellschaft vor Übergriffen zu schützen. Ethisch-moralisch aber beginnt Sünde dort, wo der Mensch sich selbst oder anderen Schaden zufügt, das heißt verantwortungslos handelt. Was gut und böse ist, rein oder unrein, wird nach Jesu Wort im Herzen der Menschen entschieden (Mk 7,20–23). Hier erwächst ihm Unschuld und Schuld.« (Herbert Haag/Katharina Elliger, »Stört nicht die Liebe«. Die Diskriminierung der Sexualität – ein Verrat an der Bibel. Walter Verlag, Olten 2. Aufl. 1986, S. 225)

»Obwohl von Geburt ein Jude, hob Jesus sich durch seine unbefangene Art im Sexuellen, am klarsten erkennbar an seinem Verhalten gegenüber Frauen, von den Anschauungen und Lebensformen seiner jüdischen Zeitgenossen ausnehmend positiv ab. Für ihn bestand kein wesentlicher Unterschied zwischen Mann und Frau; beide Geschlechter waren ihm gleichviel wert... Der Jude Jesus zeigte auch keinen Respekt vor den rituellen Reinheitsgeboten, wie sie ihm aus der Heiligen Schrift, dem Alten Testament, bekannt waren (Lev 11–15; Dtn 14,4–21); im Gegenteil, er schob sie mit der ausdrücklichen Erklärung beiseite, daß der Mensch nicht durch das verunreinigt werde, was er in sich aufnimmt, sondern umgekehrt durch die bösen Gedanken und Taten, die aus seinem Herzen kommen. Damit ist der Kirche und allen Christen ein innerer Maßstab gegeben, der eigentlich vor jeder äußeren Kasuistik bewahren müßte.« (Georg Denzler, Die verbotene Lust. 2000 Jahre christliche Sexualmoral. Piper, München 1988, S. 31)

An ganz anderen Spinnrädern als denen der biblischen und christlichen Autoren sind einmal die stacheligen Bettlaken entstanden, die jede Form von Lust und Sexualität vermiest haben. Es waren die Spinnräder der griechischen Philosophen, der Manichäer und der römischen Moralisten. Aristoteles zum Beispiel, aber auch Philon und Plotin stifteten dazu das Design. Spätplatoniker gaben die Devise aus: Dem Mann gehört der Kopf, der Geist; die Frau repräsentiert die böse Materie, die den Geist gefangenhält. Philon tat sich mit der Idee hervor: Wenn schon sexueller Verkehr, dann nur zur Erzeugung von Nachkommenschaft! Die Webmuster der Jesus-Botschaft verbieten nicht, sich getrost aneinander zu kuscheln.

VI Der Laisierte

»Als ich nach der Reise mit Vollbart wieder in der Uni Dienst tat, kam eine Studentin mit den Worten ›Oh, mit Bart!‹ zur Tür herein und meldete sich zu einem Seminar an. Es war meine heutige Frau. Während des Seminars kamen wir näher ins Gespräch und brachen beide ein ›Tabu‹: Ich sagte ihr, daß ich ›noch nicht‹ verheiratet sei, und sie hatte ›noch nie zuvor‹ einen Priester wie einen Mann behandelt... Ich erinnere mich, wie mir zumute war, als wir bei einem sonntäglichen Waldspaziergang nach dem Gottesdienst uns plötzlich mit dem freundlichen ›Grüß Gott!‹ meines Ministranten vom Vormittag konfrontiert sahen. Alle unsere Unternehmungen mußten daraufhin abgeklopft werden, ob wir uns zu zweit dort würden blicken lassen können. Das war schrecklich... Meine 85jährige Patentante reagierte auf meine Mitteilung, daß ich heiraten werde, mit der erstaunlichen Weisheit des Alters: ›Weißt du, Hubert, wir sind alle Menschen! Ist die Frau wenigstens nett?‹« (Hubert Brosseder in: G. Denzler, Lebensberichte verheirateter Priester. Autobiographische Zeugnisse zum Konflikt zwischen Ehe und Zölibat. Serie Piper 964, München 1989, S. 181 ff.)

Wenn einer Mensch wird, darf er nicht mehr Priester sein?

VII Die Mutter und das Kind

»Der 20. April des Jahres 1973 war ein stürmischer Tag: Vormittags telefonierte die Frauenklinik..., daß meine Frau einen Jungen zur Welt gebracht habe, nachmittags feierte ich... die Karfreitagsliturgie, und anschließend fuhr ich bei Schneeschauern in die Klinik. Dort streckte mir die Schwester hinter einer Glasscheibe den neuen Erdenbürger, meinen Sohn, entgegen. Obwohl die Geburt eines Kindes etwas Alltägliches ist, sind doch die Eltern stets von neuem erstaunt über dieses Wunder der Menschwerdung... Um die ›nunmehr entstandene Situation‹ zu klären, lud mich (der) Bischof... zu einem Gespräch ein, bei dem er mich gemäß dem kirchlichen Gesetzbuch zur Trennung von der Mutter meines Kindes aufforderte. Da ich aber dieses Ansinnen kategorisch ablehnte, folgte mit Dekret vom 29. Mai 1973 die Suspension vom priesterlichen Dienst. Dieselbe Strafe verhängte Wochen später der... Erzbischof..., nachdem auch er gefordert hatte, daß ich mich von der Mutter des Kindes trenne. Heute noch würde ich... genauso respektlos... antworten… wie damals in meinem Brief: ›Ihr Schreiben vom 2.6.73, dem auch nicht der Hauch eines seelsorgerlichen Tones anzumerken ist, das vielmehr einen streng kanonistischen Geist atmet, habe ich erhalten. Ich würde mich schämen, als Oberhirte einen solchen Brief zu unterzeichnen.‹« (G. Denzler, ebda. S. 117f.)

Wenn ein Mensch wird, darf er von keinem Priester sein?

VIII Weder heimlich, noch offiziell

Das Pfarrhaus kennt jeder in der Gemeinde. Im Büro: eine Schwester, die zu einem Orden gehört. In der Wohnung: der Pfarrer. Im gleichen Haus: Die Religionslehrerin. Die Schwester weiß es – wie jeder in der Gemeinde: Der Pfarrer und die Religionslehrerin sind befreundet. Viele in der Gemeinde laden den Pfarrer ein: »Nicht wahr, Sie kommen zusammen?« So wie man mir als Pfarrerin sagt: »Nicht wahr, Sie kommen mit Ihrem Mann.« Wenn er nicht da ist, macht sie die Tür auf. Immerhin, ein gemeinsames Leben. Dazwischen ein großer brauner Hund. Kinder? »Das geht noch nicht.« Inzwischen geht es nicht mehr. Wer warten muß, wird alt. Zwei von sehr vielen.

Müssen Priester, die etwas Mensch sein wollen, auf den Hund kommen?

IX Unter Druck

Aus dem evangelisch-katholischen »Praktischen Wörterbuch der Pastoral-Anthropologie« (1975):

»Zölibatäres Leben ist *eine* Form der Verwirklichung des Humanum in der Offenheit für Gott. Die Instinktenthobenheit des Menschen gibt seinen personalen Kräften die grundsätzliche Freiheit im Umgang mit seinen Anlagen und Trieben… Wer nicht Vater oder Mutter wird, kann andere Richtungen der menschlichen Reifung verwirklichen, z. B. in einem Engagement für einen caritativen oder seelsorgerlichen Beruf. Je umfassender das Engagement ist, um so mehr müssen die dazu benötigten Energien von den vitalen Triebbereichen abgezogen werden, die von Natur her eine kräftige Energie-Ausstattung besitzen (z. B. Arterhaltungstrieb). Ein Ehemann und Familienvater, der zudem beruflich etwas leisten muß, kann ein so totales seelsorgerliches und religiöses Engagement, wie es von der Kirche als Ideal angesehen wird, nicht aufbringen…«

Liebe evangelischen Mitherausgeber dieses ökumenischen Lexikons! Ihr habt geschlafen. Muß ein Priester wie ein Dampfkessel unter Druck gehalten werden?

X Dekret und Confession

Fastensynode 1074:
»Der Papst hat den Presbytern, Diakonen und allen Klerikern verboten, Ehefrauen zu haben und überhaupt mit Frauen zusammenzuwohnen.«

Fastensynode 1075:
»Die verheirateten Priester sind Verächter unserer Verordnungen oder vielmehr derjenigen der Heiligen Väter; darum soll das Volk keinesfalls ihre Gottesdienste besuchen.«

Aus dem Augsburger Religionsbekenntnis (CA 23) von 1530:
»Es wurden auch in Deutschland erst vor vierhundert Jahren die Priester mit Gewalt gezwungen, den Ehestand für das Keuschheitsgelübde aufzugeben. Sie haben sich sämtlich so geschlossen und nachdrücklich dagegen gewehrt, daß der Erzbischof von Mainz, der das neue päpstliche Edikt in dieser Sache bekannt gab, bei einem Aufruhr der ganzen Priesterschaft (im Jahre 1075) beinahe im Gedränge umgebracht worden wäre. Gleich von Anfang an wurde dieses Verbot so hart und rücksichtslos durchgesetzt, daß der Papst zu jener Zeit nicht nur den Priestern eine künftige Ehe verbot, sondern auch diejenigen Ehen auseinderriß, die schon lange bestanden.«

XI »Eines Weibes Mann«

In der Zölibatsfrage gehören die evangelischen Kirchen – heute – zu den Leisetretern. Man möchte die Ökumene nicht belasten. Das sei Angelegenheit der römischen Kirche. Außerdem steckten genügend Pfarrers-Ehen in der Krise. Scheidungen. Nun, der Schuster hat meistens schiefe Absätze. Zölibatäre und Verheiratete sind vor dem Scheitern nicht bewahrt. Aber soll ein evangelischer Christ, der etwa über die Lima-Dokumente in das Gespräch über die kirchlichen Ämter hineingenommen ist, dazu schweigen, daß seine katholischen Schwestern und Brüder ohne einen »evangelischen«

Grund zwangsweise von der Ehe ausgeschlossen werden, sobald es um priesterliche Aufgaben geht? Gottesliebe auf Kosten der Nächstenliebe, das ist eine Formel, die im ökumenischen Dialog nie akzeptiert werden darf. Der freiwillige Verzicht auf Ehe ist für evangelische Christen eine freie und respektable Entscheidung – ob sie nun Pfarrer/innen sind oder einen anderen Beruf und Stand haben. Den Verzicht zur Vorbedingung für das Amt der Wort- und Sakramentsverwaltung und Gemeindeleitung zu machen, ist lieblose Beschneidung menschlicher Freiheit und Begabung. Wohl kennt Paulus die Möglichkeit der Ehelosigkeit (aus eigener Erfahrung!). Doch Paulus wird wissen, warum er den Rat gibt: »Es soll ein Bischof unsträflich sein, *eines Weibes Mann*.«

XII Priestermangel?

Ohne Schadenfreude. Eher traurig: Die evangelisch-theologischen Hochschulen und Fakultäten sind zur Zeit überfüllt. Es gibt erste arbeitslose Theologen. In der römisch-katholischen Kirche herrscht akuter Priestermangel: 420000 Priestern auf der ganzen Welt stehen, so eine Zählung von 1988, 85000 suspendierte Geistliche gegenüber. Häufigster Grund: »Scheitern« am Zölibat.

Gott *und* den Nächsten, die Nächste lieben. »Tu es, und du wirst leben!«

Der Mensch kann Gott nicht finden ohne oder neben Christus, und er findet Christus nicht ohne seinen Bruder. Das »Doppelgebot der Liebe« ist, als Gebot des Schöpfers, zugleich Verheißung und Anspruch, eigene Lebensermöglichung und Warnung, das Leben anderer zu bedrohen.

Albrecht Schönherr

Wen die Menschen lieben, den liebt auch Gott.

Babylonischer Talmud, Awot 7

Man soll die Menschen lieben und ehren.

Derech Erez Suta 1

Karl Barth
Die Liebe

Letzte Baseler Vorlesung (1962)

Über das hinaus, was in der vierten Reihe dieser Vorlesungen – bisher unter den Titeln: Gebet, Studium, Dienst – von der theologischen Arbeit gesagt wurde, muß nun abschließend ein Wort des Hinweises auf das Prinzip gewagt werden, unter dessen Herrschaft sie allein die Verheißung hat, ein gutes, Gott wohlgefälliges und dem Menschen hilfreiches Werk zu sein – ohne dessen Wirksamkeit sie das nimmermehr werden noch sein kann. Je mit dem Wagnis eines solchen Hinweises hatten wir ja auch unsere drei vorangehenden Reihen abzuschließen. Um den Geist ging es am Ziel der ersten, um den Glauben am Ziel der zweiten, um die Hoffnung am Ziel der dritten Reihe: unter verschiedenen Gesichtspunkten jedesmal um die Bedingung theologischer Wissenschaft, die sie nur als ihr von ihrem Gegenstand her vorgegebene erkennen, mit der sie nur als mit einem ihr frei zugewendeten Geschenk umgehen kann: nur eben dankbar – aber eben in Dankbarkeit entschlossen, sie ins Werk zu setzen – so und in dem allem wohl wissend, daß ihr Tun, wäre ihm diese *conditio sine qua non* nicht vorgegeben, bei aller ihm im übrigen vielleicht eigenen Vollkommenheit kalt, unfruchtbar, tot und ungut sein und bleiben müßte. Der Geist allein, der Glaube allein, die Hoffnung allein zählt, haben wir bisher gehört.

Und nun blicken wir unter dem besonderen Gesichtspunkt unserer letzten Reihe noch einmal auf die der Theologie von ihrem Gegenstand her zukommende, von ihm her entgegenzunehmende, durch seine befreiende Macht tätig zu erfüllende Grundbedingung und wagen den Satz: Theologische Arbeit ist da (nur da! aber da gewiß!) ein gutes Werk, wo sie in der Liebe getan werden darf und entschlossen getan wird. Also: Die Liebe allein zählt. Sie zählt aber wirklich. Sie baut auf, hat Paulus tröstlich geschrieben, und später: sie hört nimmer auf, mit dem Glauben und der Hoffnung zusammen bleibt sie (und das als »die höchste unter diesen«!) auch im Vorübergehen alles Anderen. Derselbe Paulus hat aber auch gewarnt: Die Erkenntnis als solche, die Erkenntnis *in abstracto*, die theologische Bemühung und Arbeit an sich baue nicht, sondern blähe auf, und später: daß er, der Apostel, wenn er der adäquatesten Menschensprache, ja der Sprache der Engel kundig wäre, die Liebe aber nicht hätte, nur ein tönender Gong oder eine klingende Schelle – daß er, mächtig der prophetischen Rede, wissend um alle Geheimnisse, im Vollzug und Genuß aller Erkenntnis, ohne die Liebe nichts, gar nichts wäre! Wir lassen uns warnen und trösten: Theologische Arbeit ohne die Liebe wäre – und würde da noch so ernstlich gebetet, noch so gründlich und ausgebreitet studiert, noch so eifrig gedient – ein elendes Klopffechten und Strohdreschen. Sie kann nur – sie darf und soll aber im Empfang und in der Betätigung der freien Gabe der Liebe als gutes Werk in Angriff genommen, fortgeführt und zum Ziel gebracht werden. Davon soll jetzt – im Abschluß nicht nur dieser unserer vierten Reihe, sondern dieser ganzen »Einführung in die evangelische Theologie« noch etwas gesagt werden.

Wie sollte es vermeidlich sein, bei dem Wort »Liebe« zunächst an den in der Lehre so hoch gepriesenen Eros zu denken? »Liebe« als Eros ist (allgemein) das urgewaltige Begehren, Drängen, Treiben und Streben, in welchem ein geschöpfliches Wesen seine Selbstbehauptung, Selbstbefriedigung, Selbstverwirklichung, Selbsterfüllung in seinem Verhältnis zu einem anderen, nämlich darin sucht, sich diesem anzunähern, es für sich zu gewinnen, es zu sich zu nehmen, es sich möglichst eindeutig und endgültig zu eigen zu machen. Und »Liebe« (im Besonderen) als wissenschaftlicher Eros ist dasselbe Begehren in seiner intellektualen Gestalt: der Schwung, in welchem sich menschliches Erkennen seinen Gegenständen entgegentragen läßt und ihnen entgegeneilt, um sich mit ihnen, sie mit sich selbst zu vereinigen, sie so in seinen Besitz und seine Macht zu bringen, sie so zu genießen.

Ohne wissenschaftlichen Eros – wir erinnern uns an das, was hier über das Studium als solches gesagt wurde – gibt es auch keine theologische Arbeit, so gewiß diese auch eine menschlich-intellektuale und in ihrem physischen Substrat auch eine menschlich-vitale Bewegung ist. Was deren vom Menschen um seiner Selbstbehauptung und Selbsterfüllung willen begehrtes Objekt betrifft, so oszillierte der theologisch-wissenschaftliche Eros von jeher und oszilliert er noch heute: Er kann es nämlich vorwiegend (vielleicht gar ausschließlich) auf Gott oder vorwiegend (und wieder vielleicht ausschließlich) auf den Menschen abgesehen haben. Es kann das erkennende Subjekt primär an Gott oder primär am Menschen interessiert sein, vor allem Gott oder vor allem den Menschen durchschauen, in seine Macht bringen und genießen – in diesem Sinn: erkennen wollen. Wie der wissenschaftliche Eros sich in der antiken und mittelalterlichen Theologie im ganzen mehr in der ersten, theozentrischen Richtung auslebte, so in der neueren, durch Cartesius bestimmten, im ganzen mehr in der zweiten, anthropozentrischen: beides nicht ohne Grund im Gegenstand der Theologie, sofern es sich ja in ihm in der Tat um Gott und den Menschen handelt. Nur daß es von dorther zu solcher Entzweiung, zu solchem Oszillieren, zu solchem Schwanken zwischen beiden, wie es in der Geschichte des theologisch-wissenschaftlichen Eros sichtbar ist, nicht kommen könnte! Auch das kommt nicht vom Gegenstand der Theologie her, liegt aber allerdings im Wesen des wissenschaftlichen Eros, daß, wer sich als Theologe von ihm beherrschen und treiben läßt, so merkwürdig zu schweifen in der Lage ist: gestern noch in den Gefilden des Idealismus oder Positivismus oder Existentialismus, heute wohl zur Abwechslung auch in denen des Alten und Neuen Testamentes, morgen aber (wer weiß?) ebensogut in denen der Anthroposophie, der Astrologie, des Spiritismus. Was könnte da nicht »interessant«, ein dringendes »Anliegen« werden? So ist es dem wissenschaftlichen Eros als solchem, wenn er sich auf dem Feld der Theologie auswirkt, eigentlich, deren Gegenstand beständig mit anderen Gegenständen zu verwechseln und zu vertauschen. Und erst recht ist es nur aus seiner Natur zu erklären, daß, sofern er das Motiv der theologischen Arbeit ist, weder Gott um Gottes, noch der Mensch um des Menschen willen, sondern Gott wie der Mensch im wohlverstandenen, im tiefsten Interesse des theologisierenden Subjektes und also in dessen Selbstliebe geliebt und zu erkennen versucht wird.

Täuschen wir uns nicht darüber, daß diese die Divinität wie die Humanität brauchende und darum begehrende Liebe, wo theologische Arbeit getan wird, so gewiß es Wesen von Fleisch und Blut sind, die sie tun, immer auch auf dem Plan ist! Und meinen wir auch nicht, leugnen zu sollen und zu dürfen, daß diese Art Liebe innerhalb der menschlichen Situation – sagen wir für einmal: als ausgezeichnetes Phänomen menschlichen Geisteslebens – auch ihre eigentümliche Würde, Kraft und Bedeutsamkeit hat: es ist wahrlich nichts Geringes, wenn Menschen der Meinung sind, in ihrem eigenen Interesse Gott oder den Menschen oder Gott und den Menschen lieben und also erkennen zu müssen und zu wollen.

Eines aber kann unter keinen Umständen zugegeben werden: daß

Liebe dieser Art mit der identisch sei, die die theologische Arbeit zu einem guten Werk macht, ohne die sie das sicher nicht werden und bleiben kann. Vom Eros zu sagen, daß er durch den Heiligen Geist, der uns gegeben ist, ausgegossen werde in unsere Herzen, daß er »aufbaue«, daß er »nimmer aufhöre«, daß nichts uns von ihm zu scheiden vermöge (spätestens unser Tod tut das sicher): ihn mit dem Glauben und der Hoffnung in einem Atem zu nennen, ihn mit ihnen zusammen als das in dem allgemeinen großen Vorübergehen Bleibende zu erklären, das würde offenbar (von der Geschmacklosigkeit solcher Kombinationen abgesehen!) nur dem möglich sein, der blind oder frech genug wäre, an dem, was Paulus und das Neue Testament überhaupt mit diesen und ähnlichen Worten gemeint und gesagt haben, konsequent vorbeizureden.

Es ist doch wohl kein Zufall, daß schon das Wort »Eros« wie das entsprechende Verbum bei Paulus und im übrigen Neuen Testament nun einmal nicht vorkommt. Das neutestamentliche Wort für »Liebe« heißt: Agape. Und aus den Zusammenhängen, in denen es vorkommt, ergibt sich eindeutig, daß es eine Bewegung bezeichnet, die ziemlich genau in umgekehrter Richtung verläuft als die des Eros. Liebe im Sinn von Agape ist freilich auch – das ist das Einzige, was sie mit der Erosliebe gemeinsam hat – das totale Suchen eines anderen: ein solches aber, als dessen Ursprung der Liebende niemals eine ihm eigene Nötigung, sondern eine ihm nur eben geschenkte, ihm selbst also ursprünglich fremde, eine ganz neue Freiheit für den andern verstehen wird. Er von sich aus müßte und würde ihn durchaus nicht lieben – er darf es aber und indem er es darf, tut er es. Weil er für ihn frei ist, liebt er ihn, liebt er also nicht ins Blaue, nicht schweifend, nicht zerstreut, sondern gesammelt. Und weil er für ihn frei ist, sucht er ihn nicht, weil und indem er ihn für sich selbst, als Mittel zu seiner Selbstbehauptung und Selbsterfüllung braucht. Der Liebende sucht ihn nur eben um seiner selbst willen. So will er ihn nicht für sich gewinnen und haben, um ihn und seine Macht über ihn zu genießen. So tritt er seiner Freiheit überhaupt nicht zu nahe, so ist er nur eben seinerseits, indem er auch seine Freiheit ehrt, ganz frei für ihn. Er liebt ihn gratis, will sagen: er will nichts von ihm; er will nicht von ihm belohnt sein – er will nur eben für ihn dasein, sich eben nur an ihn hin- und hergeben, sich ihm nur gerade schenken, so, wie es ihm selbst nur eben geschenkt ist, ihn lieben zu dürfen. Ist Liebe im Sinn von Agape wohl auch ein Suchen, so ist sie nun doch kein interessiertes, sondern – »Geben ist seliger als Nehmen« – ein souveränes Suchen des anderen: souverän gerade darin, daß es nicht auf die Souveränität des Liebenden, sondern auf die des Geliebten zielt und gerichtet ist. So ist Liebe im Sinn von Agape, nochmals mit Paulus zu reden: langmütig und gütig, eifert und prahlt sie nicht, bläht sie sich nicht auf, tut sie nichts Unpassendes, sucht sie nicht das Ihre, ... freut sie sich der Wahrheit, erträgt, glaubt, hofft, duldet sie alles. Agape verhält sich zu Eros wie Mozart zu Beethoven. Was gäbe es da zu verwechseln? Agape ist, an allem Rechthaben und Besserwissen, an allen Händeln vorbei, ein schlechthin positives Streben zum andern hin.

Und nun mag die Frage hier offenbleiben, ob es nicht auch den anderen Wissenschaften bekömmlich wäre, wenn das regierende Motiv auch ihres Betriebs nicht der Eros, sondern die Agape wäre. Für die theologische Arbeit ist diese Überordnung lebensnotwendig und darum unabdingbar. In ihr kann jenes Interesse des erkennenden menschlichen Subjektes, kann jener Schwung, in welchem es sich dem zu erkennenden Gegenstand zu seiner Selbsterhöhung entgegentragen läßt und ihm entgegeneilt, zwar auch nicht einfach unterdrückt werden und verschwinden, kann Eros aber nicht das herrschende, sondern nur das dienende Motiv sein. In ihr wird das Begehren und die Lust, sich des Gegenstandes zu bemächtigen, auf der ganzen Linie nur den Sinn eines ersten unvermeidlichen Aufbruchs in der Richtung auf ihn hin haben können: eines Versuchs, der es sich dann gefallen lassen muß, dem Gegenstand gemäß, im Verhältnis zu dem, in der Richtung auf den er gewagt wird, einem ganz anderen Versuch gegenüber zurückzutreten, durch ihn nicht nur gereinigt und kontrolliert, sondern transformiert und so ihm integriert zu werden. Nicht mit dem wissenschaftlichen Eros als solchen, wohl aber mit dessen Herrschaft muß und wird es in der theologischen Arbeit vorbei sein. Die in ihr herrschende Liebe kann nur die dem erkennenden menschlichen Subjekt und seinem Eros gegenüber von dem in ihr zu erkennenden Gegenstand her neu und fremd auf den Plan geführte Agape sein.

Der Gegenstand der theologischen Arbeit ist nämlich einer: das verbietet ihr nicht nur das Schweifen und die Zerstreuung in alle möglichen Tiefen, Höhen und Weiten, sondern schon jene Entzweiung, in der sie, wie es so oft geschehen ist, zwischen Gottes- und Menschenfreundschaft jetzt nach dieser, jetzt nach jener Seite reagierend, hin und her schwanken dürfte. Ihr Gegenstand ist ja der eine wahre Gott – nicht in seiner Aseität und Independenz, sondern in seiner Vereinigung mit dem einen wahren Menschen, und der eine wahre Mensch wieder nicht in seiner Independenz, sondern in seiner Vereinigung mit dem einen wahren Gott. Ihr Gegenstand ist ja Jesus Christus, das heißt aber die Geschichte der Erfüllung des Bundes zwischen Gott und Mensch; die Geschichte, in der es geschah – und zwar einmalig und ein für allemal, aller Überbietungen spottend, geschah –, daß der große Gott sich in der ihm ursprünglich eigenen Freiheit dazu her- und dahingab, des kleinen Menschen Gott zu sein, in der sich aber auch der kleine Mensch, in der ihm von Gott dazu gegebenen Freiheit dazu her- und dahingab, des großen Gottes Mensch zu sein. Der Gegenstand des theologischen Erkennens ist dieses Bundesgeschehen und in ihm die den Menschen mit Gott und Gott mit dem Menschen vereinigende vollkommene Liebe, in der darum keine Furcht ist, die darum alle Furcht austreibt, weil Gott in ihr den Menschen um seiner selbst willen und so auch der Mensch Gott um seiner selbst willen geliebt hat, weil da auf beiden Seiten kein Bedürfen, Wünschen und Begehren, sondern nur eben die Freiheit, gratis für einander da zu sein, am Werk war: Gottes ihm ursprünglich eigene Freiheit für den Menschen und zugleich die dem Menschen geschenkte Freiheit für Gott – Agape, die zugleich von oben herab und in der Macht dieses Herabsteigens von unten hinaufsteigt – beides, nein dieses Eine in der gleichen Souveränität.

Ist aber Jesus Christus und also die vollkommene Liebe der Gegenstand des theologischen Erkennens, dann kann nur sie das dieses beherrschende und gestaltende Urbild und Prinzip sein. Daß es ihm nie gleich, sondern im Verhältnis zu ihm immer ein unvollkommenes, ein inadäquates, weil durch allerhand ungebändigt und unbekehrt mitlaufenden Eros getrübtes Erkennen sein wird, dafür ist jetzt und hier, im Stand und Gang der *theologia viatorum*, die ja lauter *simul justi et peccatores* sind, gesorgt. Das kann aber nicht bedeuten, daß es sich dem Herrschen und Gestalten der vollkommenen Liebe entziehen, seine kleinen Schritte auf einen anderen als dem durch sie gewiesenen Weg tun dürfte. Theologisches Erkennen, theologisches Aufwerfen und Beantworten der Wahrheitsfrage wird vielmehr gerade nur in dem Maß wohlgetan sein, als es *per speculum* – und wäre der Spiegel noch so trübe – das Leben und Walten der vollkommenen Liebe sichtbar werden läßt. Es wird als *opus operantis* gutes, Gott und den Menschen angenehmes, der Kirche und der Welt heilsames Tun sein, sofern es im Blick auf das *opus operatum Jesu Christi* frei ist, bleibt und immer neu wird für die Freiheit, in der Gott sich dem Menschen gratis dahingegeben und die er dem Menschen gegeben hat, sich ihm wieder gratis hinzugeben. Es wird sich als evangelisch-theologisches Erkennen in keinem Wünschen, Postulieren, Fordern, sondern nur eben im Anerkennen und Bestätigen dessen vollziehen können, was ihm in diesem seinem Gegenstand und so als sein eigenes Urbild vorgegeben ist. In dieser der vollkommenen Liebe untergeordneten, folgenden, entsprechenden, sie in aller Unvollkommenheit nachbildenden Orientierung besteht das, was man etwas trocken als die Sachlichkeit der theologischen Arbeit in allen ihren Disziplinen bezeichnen mag. In dieser Sachlichkeit gepflegt und getrieben, wird sie – um die Stichworte unserer ersten Vorlesung noch einmal in Erinnerung zu bringen – bescheidene, freie, kritische, fröhliche Wissenschaft sein.

Wird sie es wirklich sein? Daß sie es wird und ist, das können sich die, die in ihr tätig sind, nicht nehmen. Wie sie sich ja auch den Heiligen Geist, den Glauben, die Hoffnung nicht nehmen, nicht erarbeiten, nicht beschaffen können. Gerade die entscheidende Voraussetzung der theologischen Arbeit ist auf der ganzen Linie auch ihre Grenze. Es ist gut, daß dem so ist. Denn das bedeutet, daß die in ihr Tätigen auf der ganzen Linie über sich selbst und ihr Tun hinauszublicken genötigt sind, um eben so recht zu tun, was sie tun. So steht es auch mit der vollkommenen Liebe, unter deren Aspekt wir heute die entscheidende Voraussetzung der Theologie noch einmal ins Auge zu fassen versuchten. Eros kann man in irgendeiner Gestalt und Kräftigkeit bei jedermann voraussetzen. Agape bei niemandem. Sie kann von einem jeden und so auch von jedem Theologen jeder Zeit und jedes Raumes nur als Geschenk empfangen und ins Werk gesetzt werden. Sie ist (Röm 8,39) »in Christus Jesus unserem Herrn«. Sie ist, wo er ist, wirkt und redet. Und weil er unser souveräner Herr ist, gilt von ihr, was Luther vom Worte Gottes gesagt hat: Es sei »ein fahrender Platzregen«, der jetzt hier fällt, um dann nicht mehr hier, sondern anderswo zu fallen: mit der Folge, daß das theologische Erkennen immer nur mehr oder weniger in jener Liebe geschehen und also ein gutes Werk sein kann. Von ihm, in welchem jene Liebe göttlich und menschlich wirklich und wahr ist, gilt aber auch, daß, wer seinen Namen anruft, gerettet werden wird, das heißt, daß er mit oder ohne Platzregen unter der Verheißung leben und wirken, beten, studieren und dienen, wahrnehmen, denken und reden und endlich einmal auch sterben darf – daß die vollkommene Liebe, ob sie ihm jetzt mehr oder weniger offen oder verborgen erscheinen mag, der Himmel ist, der sich auch über ihm ausspannt. Nach ihr sich auszurichten, sein bißchen Erkennen durch sie orientieren zu lassen, wird nie umsonst sein, wenn man weiß, wo man sie zu suchen hat. In ihm, in welchem der Bund zwischen Gott und dem Menschen erfüllt ist, bleibt sie, auch wenn die Theologen kommen und gehen, auch wenn es in der Theologie jetzt heller, jetzt dunkler zugeht: wie ja die Sonne auch hinter den Wolken – vielmehr siegreich über ihnen »die güldene Sonne« ist und bleibt. Um die vollkommene Liebe zu wissen als um die *conditio sine qua non* rechter Theologie, ist auf alle Fälle: auch wenn man gerade nur nach ihr seufzen kann, besser, als nicht um sie zu wissen. Schon um sie zu wissen – und zu dem Ende tut man theologische Arbeit, um jedenfalls um sie zu wissen – ist Anlaß genug, um in den Lobpreis Gottes (des Bundesgottes, des Gottes, der selbst die Liebe ist) in jenem bekannten Stück der altkirchlichen Liturgie einzustimmen, dessen Worte nun unser Schluß sein mögen:

Gloria Patri et Filio et Spiritui sancto,
sicut erat in principio et (est) nunc et (erit) semper
et in saecula saeculorum!

Denn Liebe ist nicht ohne Pflicht, ohne Opfermut,
ohne frühere Bindung ans Dasein. Sie ist nichts
ohne Beruf, ohne gemeinsame Sicht der Dinge, die öffnet
und birgt. Sie ist immer nur des geliebten Lebens
kleinere Schwester.

Botho Strauß

Sieh, wen du liebst, nicht mit forschendem Blick.
Such nicht weiter in einem, den du glücklich gefunden hast.
Denn Vertrauen ist seitwärts, Liebe geht neben dir.
Nur wer sich lang begleitet, ist sich begegnet.

Botho Strauß

Wenn der Nächste wirklich zum Nächsten wird

Haben Sie schon einmal darauf geachtet, mit welchen Worten Jesus uns gebietet, die Mitmenschen zu lieben? Er sagt: Wir sollten den *Nächsten* lieben. Das aber ist das Problem.

Wir lassen uns leicht rühren, wenn wir von einem Unglück in einem fernen Land hören, daß tausende von Familien obdachlos geworden sind oder Hunger leiden. Dann sind wir auch gern bereit, eine Hilfssendung auf die Post zu geben, selbst wenn es etwas kostet.

Schwierig, ja hart ist es, den zu lieben, der in unserer Nähe oder gar mit uns zusammen wohnt: den Nachbarn, den Arbeitskollegen oder das Gemeindemitglied. Das Problem besteht nicht darin, den Fernen, sondern den Nächsten zu lieben. Deshalb möchte ich Ihnen folgenden Meditationstext vortragen:

Wenn der Nächste
uns
wirklich
der Nächste wird
und wir ihn hören
und sehen,
seine Leiden
zu den unsren machen,
uns wirklich
über seine Freude freuen,
wenn Nachbar
kein leeres Wort ist,
wenn wir den Nachbarn
namentlich anreden,
seine Züge kennen
und um seine Geschichte wissen,
wenn jeder Mensch
Jemand für uns ist,
dann kommt unsere Religion
aus den Wolken herab
und realisiert die Menschwerdung Jesu ...

Manche Leute wollen ihre Nachbarn nicht kennen, weil das sonst nur Arbeit macht. Aber nicht nur, daß eine Hand die andere wäscht, sondern vor allem: Was sollen wir dem Vater antworten, wenn er uns fragt, wo unser Nachbar sei, der ja unser Bruder ist?!

Schlimmer jedoch ist es, wenn im selben Haus die Leute gleichgültig nebeneinander her leben oder wenn Feindschaft, kalter Krieg oder gar Haß herrscht. Dann gilt das Wort des Herrn, von dem es bei uns in Brasilien ja auch ein herrliches Lied gibt:

Versöhn' dich zuerst mit deinem Bruder
und dann magst du beten.

Ob in Ihrem Haus alle einander Nächste sind? Das heißt: Ob alle körperlich und gefühlsmäßig einander nahe sind? Oder wohnen in Ihrem Haus oder in Ihrer Nachbarschaft Fremde, Abwesende, Leute, mit denen keiner etwas zu tun haben will?

Gehen Sie mal um Ihr Haus herum! Allzuoft findet sich – in nur ein paar Meter Entfernung – bitteres Leid: Armut, Elend, Hunger, Angst und Hoffnungslosigkeit, die auf uns warten.

Möchten Sie Ihre Religion verlebendigen, Ihr Christentum authentisch werden lassen? Dann versuchen Sie mal, Ihren Nächsten wirklich zum Nächsten werden zu lassen. Versuchen Sie mal, sich Ihren Nachbarn zu nähern... Niemand darf dann mehr als vager Schatten oder namenlose Größe durch Ihr Leben gehen. Jeder Mann und jede Frau, der oder die Ihnen begegnet, sei für Sie *Jemand*, Ihr Bruder, Ihre Schwester! Alle sind füreinander Brüder und Schwestern und gemeinsame Söhne und Töchter des einen Vaters.

Dom Helder Camara

Quellen

Franz Alt, »Lieben heißt...« aus »Liebe ist möglich. Die Bergpredigt im Atomzeitalter«, Serie Piper Nr. 429, München

Ambrosius, »Der heilige Laurentius« aus: H. Kraft (Hrsg.), »Kirchenväter-Brevier«, Furche Verlag Hamburg

Augustinus, »Man soll alle Menschen...« aus: H. Kraft (Hrsg.), »Kirchenväter-Brevier«, Furche Verlag Hamburg

Rose Ausländer, »Gäbe es«; »Warum« und »Die Nächsten« aus: »Ich höre das Herz des Oleanders«, © 1984 S. Fischer Verlag GmbH, Frankfurt am Main (entnommen aus: »Mutterland. Einverständnis«, Fischer Taschenbuch Nr. 5775, Frankfurt am Main)

Karl Barth, »Die Liebe« aus »Einführung in die evangelische Theologie«. Zürich 1962. Rechte: Theologischer Verlag Zürich

Bhagavad-gita, »Lebe in der Hingabe...«: freie Übersetzung nach dem Urtext

Bertolt Brecht, »Morgens und abends zu lesen« aus »Gesammelte Werke«, © Suhrkamp Verlag Frankfurt/M. 1967

Buddha, »Wie die Jünger üben sollen« aus: König-Waldensfels, »Lexikon der Religionen«, Herder Verlag Freiburg i. Brsg.

Dom Helder Camara, »Wenn der Nächste wirklich zum Nächsten wird« aus »Selig die träumen«, pendo-verlag, Zürich 1982 (entnommen aus »Der Traum von einer anderen Welt«, Serie Piper Nr. 721, München)

Marc Chagall, »Da alles Leben...« aus: Werner Haftmann, »Marc Chagall«, DuMont Verlag Köln

Derech Erez Suta, »Man soll...« aus: »Jüdische Weisheit aus drei Jahrtausenden«, Deutscher Taschenbuch Verlag München

Ingeborg Drewitz, »Der, der von seiner Angst spricht...« aus: Walter Jens (Hrsg.), »Assoziationen«, Bd. V, RADIUS-Verlag Stuttgart

Gebet der Vereinten Nationen aus »Gotteslob. Katholisches Gebet- und Gesangbuch«, Ausgabe des Bistums Rottenburg, Katholische Bibelanstalt Stuttgart

Grimm'sches Wörterbuch, Auswahl zum Wortstamm »lieb« aus »Deutsches Wörterbuch von Jacob und Wilhelm Grimm«, Bd. 12, Leipzig 1885

Friedrich Heer, »Die allermeisten Menschen...« aus: Walter Jens (Hrsg.), »Vom Nächsten. Das Gleichnis vom barmherzigen Samariter heute gesehen«, Deutscher Taschenbuch Verlag München

Konfuzius, »Gibt es ein Wort...« aus: Pierre Do-Dinh, »Konfuzius in Selbstzeugnissen und Bilddokumenten«, Rowohlt Taschenbuch Verlag Reinbek

Milan Kundera, »Möglich, daß wir nicht...« aus »Die unerträgliche Leichtigkeit des Seins«, Hanser Verlag München

Klaus Lefringhausen, »Wirtschaftliche Entscheidungen« aus »Wirtschaftsethik im Dialog«, RADIUS-Verlag Stuttgart

Martin Luther King, »Selbst im Bösesten...« aus »Kraft zum Lieben«, Christliche Verlagsanstalt Konstanz

Koran, »Wehe denen...« nach: R. Paret (Übs.), »Der Koran«, Kohlhammer Verlag Stuttgart

Kurt Scharf, »Wir haben die Pflicht...« aus »Widerstehen und Versöhnen«, RADIUS-Verlag Stuttgart

Hans Martin Schmidt, »Dem Satz...« aus Ev. Kommentare 2/89

Albrecht Schönherr, »Der Mensch kann Gott nicht finden...« aus: Karl Herbert (Hrsg.), »Christliche Freiheit im Dienst am Menschen«, Verlag Otto Lembeck Frankfurt/M.

Sieben Werke der Barmherzigkeit – Redaktionsartikel (J. K.)

Dorothee Sölle, »Mit dem Herzen leben« aus RADIUS 4/88

Dietrich Stollberg, »Zwischen Eigenliebe und Nächstenliebe« aus: Hartmut Meesmann (Hrsg.), »Zwischen Lust und Last. Mit Gegensätzen leben«, Christophorus-Verlag Freiburg i. Br. 1988

Botho Strauß, »Denn Liebe...« und »Sieh, wen du liebst...« aus »Diese Erinnerung an einen, der nur einen Tag zu Gast war«, Hanser Verlag München

Sulpicius Severus, »Der heilige Martin« aus: Heinrich Kraft (Hrsg.), »Kirchenväter-Brevier«, Furche Verlag Hamburg

Talmud, »Wen die Menschen...« aus: »Jüdische Weisheit aus drei Jahrtausenden«, Deutscher Taschenbuch Verlag München

Tamilisches Tirukkural, »Die Gütigen leben...« aus »Tirukkural von Tiruvalluvar«, Aus dem Tamil übs. von Albrecht Frenz und K. Lalithambal, Madurai (Indien)

Die Autoren

Dr. Gerhard Begrich, geboren 1946, ist Pfarrer in Berlin / DDR.

Dr. Axel Denecke, geboren 1938, ist Pfarrer in Osnabrück.

Hartmut Joisten, geboren 1957, ist Pfarrer und Chefredakteur in Speyer.

Prof. Dr. med. Rudolf Kautzky, geboren 1913, lebt als emeritierter Neurochirurg in Hamburg.

Jo Krummacher, geboren 1946, Pfarrer am Hegel-Gymnasium Stuttgart, Publizist, lebt in Calw-Hirsau.

Dietrich Mendt, geboren 1926, ist Superintendent in Zittau (DDR).

Roland Mörchen, geboren 1958, katholischer Theologe, lebt als Buchhändler in Hildesheim.

Dr. Volker Nollau, geboren 1941, ist Diplom-Mathematiker und Hochschullehrer für Wahrscheinlichkeitsrechnung und Mathematische Statistik in Dresden (DDR).

Dr. Friedemann Oettinger, geboren 1946, ist Pfarrer in Wiesbaden.

Dr. Claus-Dieter Schulze, geboren 1939, ist Gemeindepfarrer in Berlin-Dahlem.

Dr. Dorothee Sölle, geboren 1929, ist Schriftstellerin und Professorin für Evangelische Theologie, lebt in Hamburg.

Dr. Volker Sommer, geboren 1954, ist Theologe und Anthropologe, lebt in Göttingen und Jodhpur / Indien.

Dr. Dietrich Stollberg, geboren 1937, ist Professor für Evangelische Theologie und Universitätsprediger an der Philipps-Universität Marburg; Psychotherapeut.

Rosemarie Wagner-Gehlhaar, Pfarrerin, lebt in Hamburg.

Ingrid Weng, Pfarrerin am Fanny-Leicht-Gymnasium in Stuttgart, lebt in Calw-Hirsau.

Übersetzung:
Dr. Walter Jens, Jahrgang 1923, Professor für Allgemeine Rhetorik, lebt als Literaturwissenschaftler in Tübingen.